中小企业
跨境电商
运营

陈道志 / 著

CROSS-BORDER
E-COMMERCE

中国商业出版社

图书在版编目（CIP）数据

中小企业跨境电商运营/陈道志著.-- 北京：中国商业出版社，2018.9
ISBN 978-7-5208-0569-8

Ⅰ.①中… Ⅱ.①陈… Ⅲ.①中小企业—电子商务—运营管理—中国 Ⅳ.① F279.243

中国版本图书馆 CIP 数据核字（2018）第 208959 号

责任编辑：朱丽丽

中国商业出版社出版发行
（100053 北京广安门内报国寺 1 号）
010-63180647 www.c-cbook.com
新华书店经销
天津中印联印务有限公司印制
*
720 毫米 ×1000 毫米 1/16 开 13 印张 180 千字
2018 年 12 月第 1 版 2018 年 12 月第 1 次印刷
定价：48.00 元
****
（如有印装质量问题可更换）

前言

跨境电商让中小企业脱胎换骨

跨境电子商务也就是"互联网+外贸",是借助互联网技术实现商品和服务跨境交易的新兴贸易业态。近年来,跨境电子商务在我国保持高速增长,已经成为对外贸易增长最快的领域。中小企业若能准确把握这一新趋势带来的机遇,充分利用跨境电商开放、高效、便利、进入门槛低等优势,将开辟直面全球市场的新渠道,实现全面转型与升级。

跨境电商平台可提供专业服务,为中小企业开辟参与全球经济贸易的有效渠道,这大大降低了中小企业进入国际贸易的门槛,使中小企业能与大企业平起平坐、公平竞争,开拓营销渠道,提高营销方式的灵活性。对于传统贸易来说,跨境电商通过互联网发布商品信息、交易和支付,可大大降低进出口成本和交易时间,创造效率和成本优势,提高企业效率和利润率,这无疑有利于提高中小企业竞争力,进而求得生存与发展。跨境电子商务还通过利用国际市场和国际资源为中小企业实现转型升级提供了有效途径,不仅有利于中小企业进入外贸市场捕捉市场新变化,为创建品牌、提升品牌知名度提供有效途径,而且有利于中小企业打造自身的贸易体系和网络,实现由内销向外贸的转变。总的来说,跨境电商可以让中小企业

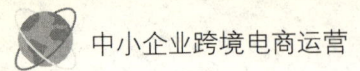

脱胎换骨，实现真正的转型升级。

实际上，随着近年来跨境电子商务在我国的高速发展，整个中国必将变成一个全球大集市，这已经是一个具有共识的大趋势，而这个大趋势的驱动力正是跨境电商。大型的跨境电商首先产生在一个具有庞大网络用户和消费实力的统一大市场经济体内，如中国的阿里巴巴、美国的亚马逊和eBay等。而对于中国的广大中小企业来说，更需要跨境电商这个平台。那么如何把握先机，赢在最后一个"蓝海"？这需要中小企业对跨境电商有全面的认知：了解跨境电商的前世、今生与未来，熟悉转型跨境电商的路径，熟知拓展海外市场的模式，知道所能利用的现有平台其模式如何运作并学会用它来运营，也应学会自建平台并进行运营，要积极关注并努力解决物流、仓储、平台、人才、语言、推广、支付结算等方面的问题，同时不能忽略税务问题以及知识产权治理，力避转型经营过程中的各种误区。而所有这些，恰恰就是《中小企业跨境电商运营》所阐述的内容。

中小企业做跨境电商是时代所需，更是企业的自身发展所需。要想完成这个转型升级的历史性动作，本书给出了理论和实践两个方面的指导意见和建议，是一本值得一读的读物。

第一章
跨境电商的前世今生与未来

1. 跨境电子商务概念及其特征 / 2

2. 我国跨境电商的前世今生 / 4

3. 未来跨境电商的发展趋势 / 12

4. 中小企业发展跨境电商的机遇与挑战 / 16

第二章
中小企业转型跨境电商需要修炼的三大内功

1. 提升高层管理者能力:提升自身的管理认知水平 / 22

2. 打造业务团队:打造跨境电商业务团队 / 25

3. 构建组织能力:平台利用能力 + 业务发展能力 / 29

第三章
中小企业开展进口跨境电商的六大模式

1. 海淘模式:最为传统的模式 / 34

2. 海外代购模式:海外代购平台、朋友圈海外代购 / 38

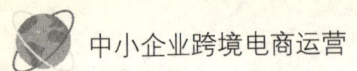

3. 直发/直运平台模式：典型的第三方 B2C 模式 / 41

4. 自营 B2C 模式：综合型自营平台、垂直型自营平台 / 45

5. 导购/返利平台模式：引流部分+商品交易部分 / 48

6. 跨境 O2O 模式：线下线上合作的模式 / 50

第四章
中小企业出口跨境电商平台模式分析

1. 三大跨境电商平台模式海外市场的分布 / 56

2. 传统跨境大宗交易平台模式 / 59

3. 综合类跨境小额批发零售平台模式 / 62

4. 垂直类跨境小额交易零售平台模式 / 65

5. 专业第三方跨境服务平台模式 / 68

6. 主流出口跨境电商平台特色分析 / 72

7. 根据不同市场进行产品定位 / 76

8. 产品关键词的选择 / 80

9. 根据平台制定物流线 / 82

第五章
基于自建平台的中小企业跨境电商运营

1. 站外引流的有效方式 / 88

2. 网站运营内容策略 / 93

3. 多渠道寻找推广资源 / 99

4. 提升访客转化率 / 107

第六章
中小企业做跨境电商需要注意的七个问题

1. 物流：解决关税、清关、退件、本地化痛点 / 110
2. 仓储：海外仓储有风险，抗险能力必须强 / 114
3. 平台：第三方平台与自建商城相结合 / 119
4. 人才：搭建高效的跨境团队 / 123
5. 语言：沟通好才有生意做 / 126
6. 推广：提升网站流量和转化率 / 129
7. 支付结算：跨境人民币结算 / 136

第七章
跨境电商卖家不容忽略的税务问题

1. 跨境电商卖家必知的出口退税 / 144
2. 目的国家进口缴纳的进口税金 / 148
3. 目的国家的售后增值税 VAT / 151
4. 跨境电商税收征管路径选择 / 154

第八章
加强知识产权治理，是未来跨境电商的关键

1. 跨境电商知识产权治理的困境及成因 / 158
2. 当前进出口货物侵权特点与侵权认定 / 165
3. 跨境电商企业的知识产权合规措施 / 170
4. 知识产权拥有企业的自我保护措施 / 173
5. 商标注册常见的"坑"及规避方法 / 177

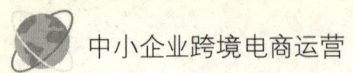

第九章
中小企业做跨境电商应避开的六大误区

1. 没有战略规划：认识不足，走一步看一步 / 182
2. 投机取巧：成功有捷径，舍不得下工夫 / 184
3. 单纯的 KPI 思维：有投入就会立刻有收获 / 186
4. 过度依赖运营技巧：掌握技巧就是胜利 / 189
5. 对新媒体缺乏认知：简单粗暴地推送信息 / 192
6. 单纯流量思维：缺乏优质内容的生产能力 / 194

后 记 / 196
参考资料 / 197

第一章

跨境电商的前世今生与未来

跨境电子商务这一新兴的经济活动在中国已走过了10余个年头,但理论与学术界给予广泛关注与重视还是近年来的事情。根据诸多企业和个人的实践及相关理论研究成果,本章对这一经济现象在中国的产生和发展过程进行梳理,在此基础上对这一经济现象从广义与狭义两方面给予了重新界定,并着重分析了中小企业发展跨境电商面临的机遇和挑战。

1.跨境电子商务概念及其特征

什么是跨境电子商务？它有哪些特征？在这里，我们参考多方面对"跨境电子商务"的认知，来界定这一概念并总结其特征。

● 跨境电商的概念

当前，对于跨境电子商务的认知主要表现在四个方面：政策领域、国际组织、咨询公司、学术研究。在政策方面，欧盟在其电子商务统计中出现了跨境电子商务（Cross border e-commerce）名称和有关内容，主要是指国家之间的电子商务，但并没有给出明确的含义。在国际组织方面，联合国于2000年就已经关注到了国际贸易和电子商务的关系；2010年国际邮政组织（IPC）在《跨境电子商务报告》中，分析了2009年的跨境电子商务状况，但对跨境电子商务的概念也没有明确的界定，而是出现了"internet shopping""Online shopping""online cross-border shopping"等多个不同的说法。同样，在eBay、尼尔森等著名公司及诸多学者的表述中也运用了不同的名词，如跨境在线贸易、外贸电子、跨境网购、国际电子商务等。总体来看，这些概念虽然表达不同，但还是反映了一些共同的特点：一是渠道上的现代性，即以现代信息技术和网络渠道为交易途径；二是空间上的国际性，即由一个境内经济体成员向另一个境内经济体成员提供的贸易服务；三是方式上的数字化，即以无纸化为主要交易方式。

综上所述，可以将跨境电子商务（多简称"跨境电商"）的概念做如下的表述：跨境电子商务是指交易各方利用现代信息技术所进行的各类跨境域的以数字化交易为主要方式的一种新型贸易活动和模式，涵盖了营销、交易、支付、服务等各项商务活动。

● 跨境电商的特征

跨境电子商务是一种新型的贸易方式，它依靠互联网和国际物流，直接对接终端，满足了客户需求，具有门槛低、环节少、成本低、周期短等方面的优势。随着国际贸易的深刻变革，作为融合了国际贸易和电子商务两方面特点的跨境电商具有更大的复杂性，呈现出传统国际贸易所不具备的五大新特征。如表1—1所示。

表1—1 跨境电商的特征

事项	含义
多边化	是指跨境电商贸易过程相关的信息流、商流、物流、资金流已由传统的双边逐步向多边的方向演进，呈网状结构。跨境电商可以通过A国的交易平台、B国的支付结算平台、C国的物流平台，实现国家间的直接贸易。而传统的国际贸易主要表现为两国之间的双边贸易，即使有多边贸易，也是通过多个双边贸易实现的，呈线状结构
直接化	是指跨境电商可以通过电子商务交易与服务平台，实现多国企业之间、企业与最终消费者之间的直接交易。与传统国际贸易相比，进出口环节少、时间短、成本低、效率高。传统的国际贸易主要由一国的进/出口商通过另一国的出/进口商集中进/出口大批量货物，然后通过境内流通企业经过多级分销，最后到达有进/出口需求的企业或消费者，进出口环节多、时间长、成本高
小批量	是指跨境电商相对于传统贸易而言，单笔订单大多是小批量，甚至是单件。柴跃廷指出，这是由于跨境电商实现了单个企业之间或单个企业与单个消费者之间的交易
高频度	是指跨境电商实现了单个企业或消费者能够及时按需采购、销售或消费，因此相对于传统贸易而言，交易双方的交易频率大幅提高
数字化	是指随着信息网络技术的深化应用，数字化产品（软件、影视作用、游戏等）的品类和贸易量快速增长，且通过跨境电商进行销售或消费的趋势更加明显。与之相比，传统的国际贸易主要存在于实物产品或服务中间

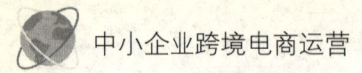

2.我国跨境电商的前世今生

对于跨境电商在我国的产生和发展,我们不妨先从两个现实中的案例入手,对这一经济现象进行分析,并对其在我国的发展脉络进行梳理。

小A出生在河南许昌的一个小村庄,在上高中之前,互联网是一个未知而神奇的东西。之后,小A到县城上了高中,开始接触网络才知道了马云、阿里巴巴,对于能够改变一些传统模式的电子商务,小A觉得很神奇。高考时,小A毫不犹豫地选择了某翻译学院电子商务专业,通过对课程的掌握,他已经不甘心单纯的学习,而是盘算着自己利用互联网做点什么。

2012年8月,小A老家的辣椒进入了采摘季,但是出现了滞销的情况,8毛钱一斤的辣椒眼看就要烂在地里。同时,翻译学院所在城市的辣椒批发价是2元一斤,超市、菜场卖到了4元一斤。于是,小A的第一个创业项目"易菜蔬"诞生了,属于蔬菜的O2O形式,用户在网上下单,小A从菜农那里进货,然后为用户配送。由于小A对资金和配送货的能力有限,他的第一个创业项目并不顺利。

结束"易菜蔬"的运营之后,小A收拾好心情,又开始寻找其他商机。通过对国内电子商务竞争"白热化"的分析,这一次,他将目光转向跨境电商——将"中国制造"卖到国外去。小A想到了老家许昌:那是全国最大的假发生产地。于是,小A开始寻找假发货源,并最终将此作为自己的主打产品。3家网店,6个人来做,这是小A团队目前的工作状态。其中,两个人负责商品的采购、进货，一个人负责售前、售后服务，一个人受理订单，剩下的一个人负责更新、发布产品。除了小A和合伙人，剩下四个人都是小A的学弟、学妹。小A创业成功了，也给这些人提供了就业的机会。现在，小A的产品已经卖到了美国、俄罗斯和巴西。未来，小A想打造自己的品牌，最终建立了独立的跨境电子商务平台。

小A的贸易活动和模式属于传统小额外贸在线交易，是跨境电商的初级阶段。下面再来看看敦煌网的模式。

敦煌网以交易服务为核心，在免费为买卖双方提供信息发布平台的基础上，主要提供物流、支付、翻译等服务，通过整合产业链，为买卖双方顺利完成在线交易奠定了基础。敦煌网在盈利模式、支付模式、运营模式和物流技术模式上有自己的一套"打法"：在盈利模式上，买家和卖家都可以免费注册成为网站会员，交易达成后，按照交易额向买家收取一定比例的佣金作为服务费，佣金的比例通常是交易额的3%—12%，佣金比例随行业的不同而有所不同；在支付模式上，通过支付合作机构，为买家提供众多国家的银行转账账户，买家只需通过电子银行向指定银行账户转账即可完成付款，并可免除跨国转账手续费；敦煌网的运营模式新颖，它采用第三方担保模式，即平台不仅作为展示产品的界面，还作为参与者，参与到交易中，对交易的全过程进行监督，并为卖家代付收货款，在买卖双方出现纠纷时，出面进行调解等；在物流技术模式上，其针对美国市场的海外直发服务，缩短了海外买家的到货时间，这是敦煌网提供的一项整合跨境物流、海外仓储、当地物流等综合服务。

敦煌网"从成功订单中收取佣金"的盈利模式打破了以往的传统电子

商务"会员收费"的经营模式,既减小企业风险,又节省了企业不必要的开支,同时避开了与B2B阿里巴巴等的竞争。

从小A到敦煌网,我国的跨境电商显然已经是飞跃式发展了。

就我国的跨境电商而言,"跨境电商"这个概念应有广义与狭义两种含义。狭义的专指通过电子商务平台(含自建)进行商品展示与推广、交易磋商、订单达成、支付与结算、物流追踪、售后服务与纠纷处置,实现分属于不同关境的交易主体完成交易的一种国际商业活动,是一种特殊的国际贸易,或外贸零售业务。与传统外贸活动相比较,呈现小批量、多批次、物流时间短、物流成本高、价差大等特征。广义的除了狭义概念外,还包括"互联网+传统外贸"的形式,即依托电子商务平台寻找到目标客户,并依赖传统手段完成国际贸易的活动。因此也可以通俗地说,狭义的跨境电商专指依托网络平台开展的外贸零售活动,广义的跨境电商则包含了"零售"与"批发"两种形式。下面,我们就从广义与狭义这两个维度来看看我国跨境电商的前世与今生。

●我国跨境电商的前世

基于跨境电商的广义与狭义两种含义,我国跨境电商的前世应该包括广义跨境电商的初始形态和狭义跨境电商的初始形态两个部分。先来看看广义跨境电商的初始形态。

广义的跨境电商在我国可追溯到1999年上线的阿里巴巴网站,这是现今阿里巴巴集团早期唯一的电子商务平台或者说产品。阿里巴巴创始人马云倡导的"让天下没有难做的生意",以及马云在创办阿里巴巴之前所构想的"要将全世界的商人都联合起来",正是基于这个网络平台。按照现在的说法,这种平台就是"互联网+",该平台可谓"互联网+国际贸易"的模式。但包括马云在内的业内和业外人士以及社会各界专家学者都没有能够将这一经济现象给予精准的定义，仅是笼统称为"电子商务"。直到该平台运行近10年后的2008年—2009年，阿里巴巴才将其定义为"电子商务外贸"，学术界随后也有"外贸电商"之说。

实际上，这一平台仅仅只是为传统国际贸易提供了一个交易磋商的渠道，交易的达成及实施还必须依赖传统方式与方法，与随后上线的环球资源、中国制造、慧聪网等几大平台一起，被逐步概括为广义的跨境电商平台。这一类电商平台在平台功能上基本相似，均定位为传统外贸企业寻求客户资源，上线的时间普遍较后期出现的在线外贸交易平台要早，因此也可统称为跨境电商的初始形态。

再来看看狭义跨境电商的形成，这个形成过程其实是一个从"国际版淘宝"阶段到完形阶段的过程。

2003年，国际电商巨头eBay（电子湾、亿贝、易贝，是一个可让全球民众上网买卖物品的线上拍卖及购物网站）以并购方式进入中国市场；次年，敦煌网上线。这两大平台从交易形式上与当时阿里巴巴拟主推的新平台淘宝网类似，矛头也一致指向了阿里巴巴当时的两个主要电商平台（或产品）阿里巴巴网站和淘宝网。敦煌网创始人王树彤女士被誉为"挑战马云的女人"，eBay（中国）高管也公然宣称要扼杀正处在襁褓中的淘宝网。两大平台在交易形式上与淘宝网类似，但市场定位却不尽相同：敦煌网很明确地定位为将中国产品以零售方式卖到境外；eBay（中国）则仍然沿袭其在其他国家和地区的做法，打破地区与国家界限，以零售方式实现商品的无障碍流通。

随后又出现了众多类似的平台，如阿里巴巴速卖通、兰亭集势等，但

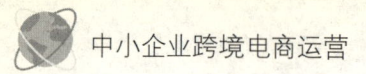

总体上，这一时期的跨境电商平台仅局限于以零售方式外销，被业界形象地称为"国际版淘宝"。尤其是阿里巴巴速卖通于2010年上线后，这一说法更是被广泛接受。

2006~2007年，出现了依托境外电商平台进行进口商品消费的活动，被称之为"海淘""代购"。随后，中国本土也应运而生了专门提供境外商品选购的网络平台，如洋码头、跨境通、万国优品等，国内消费者可通过这些电子商务平台实现足不出户逛遍全球商超。

这些平台的出现，从形态上完善了跨境电商，实现了零售业的无国界运行。至此，狭义的跨境电商形态才得以完全形成。

无论是狭义的还是广义的跨境电商，到2014年应该至少走过了10个年头。但在实际经济生活中，2014年却又被广泛定义为"跨境电商元年"。这一说法之下又隐含哪些玄机呢？首先，这一说法很明显是取狭义跨境电商之意。从广义上讲，中国跨境电商始于1999年，其运行模式从一开始就得到了社会普遍认可并被普遍接受。在法律与政策层面没有值得推敲的地方。因此，很显然，"2014年为跨境电商元年"不应该是指广义的跨境电商，而是指狭义的跨境电商。其次，之所以有"跨境电商元年"之说，是基于狭义的跨境电商在此前近10年间，从法律和政策层面都没能取得地位，其原因是通过电子商务平台以零售业态存在的交易形式在政策层面还没有被给予明确许可。

2013年8月，国务院发布了《实施支持跨境电子商务零售出口的通知》；2014年2月，海关总署发布公告，增列海关监管方式代码9610（全称为跨境贸易电子商务），特别是2014年5月10日，习近平总书记亲临郑州跨境电商产业园区进行考察之后，狭义跨境电商才得以"验明正身""立牌坊"，以往"私底下"的经济活动才得以见天日。正因此，这一时期也可概括为跨境电商的定性阶段。

●我国跨境电商的今生

经过若干年的发展，我国跨境电商大大超过以往。2017年，国家对跨境电商现状及未来发展非常关注，先后提出了"一带一路""海上丝绸之路"等国家经济发展大战略。在政策、制度方面，完善了海关、商检、财税等各项文件；在体系方面，商务部提出建100个海外仓，提高贸易各环节便利化水平；在配套设施方面，物流、支付配套环境日趋完善，目前有超过200家企业境外设海外仓，数量超500个。

从实际情况来看，跨境电商已经成为我国外贸增长的重要动力。商务部关于2017年上半年中国跨境电商的数据显示，我国跨境电商的交易规模为3.6万亿元，同比增长30.7%。其中，出口跨境电商交易规模2.75万亿元；进口跨境电商交易规模8624亿元。此外，我国电商年度报告内容显示，从全球范围的电商发展情况来看，我国电商绝对规模大，占了全球市场份额的40%。2016年，我国网购规模（不含服务）达到7500亿美元，比排名第二的美国（3121亿美元）、第三的英国（1500亿美元）和第四的日本（900亿美元）加起来还要多得多。

而艾媒咨询最新发布的《2017上半年中国跨境电商市场研究报告》所显示的相关数据也与上述大致相同。下面，我们不妨来看看艾媒咨询的这份报告对2017上半年中国跨境电商的市场情况的分析。该项分析具体包括三个方面，如表1—2所示。

表1—2 艾媒咨询对2017上半年中国跨境电商市场情况的分析

事 项	含 义
中国跨境电商整体发展环境向好	人们消费需求提升助推对外贸易特别是进口贸易的持续繁荣；网购已经成为消费者重要的购物方式，对商品质量要求逐渐提高的消费者也开始养成海淘的习惯；国内多项政策举措也指向鼓励进口零售业务。受国内消费升级趋势及国家注重进出口贸易发展的影响，再加上国际物流及供应链技术的不断发展，海淘已逐渐成为消费者的选购物渠道，中国海淘用户规模也以高速增长，跨境电商市场近年发展迅速。2017年上半年，各大电商巨头在跨境领域都有战略性布局的动作。例如，网易考拉海购启动大规模海外布局，升级供应链上游，提高商品质量；天猫合作国际高技术企业，升级产品并直切用户消费升级需求；京东则在供应端进行国际物流布局，强化供应链打造
海淘用户倾向高频率消费，商品质量成消费者选择的首要因素	目前国内跨境电商平台在满足消费者升级海淘需求方面表现良好，数据显示，中国近7成海淘用户过去半年有过海淘经历，其中仅1.6%的消费者对近一年的海淘经历表示不满，可见海淘已逐渐成为消费者购物的一个重要渠道。为何消费者如此青睐海淘购物呢？艾媒咨询数据显示，57.7%的海淘用户选择海淘的原因出于对高质量商品的需求，同时各有3成以上用户出于对商品性价比、品牌丰富度及正品保障度的考虑而选择海淘。未来在消费升级趋势驱动下，对商品质量、正品度有需求的用户将继续提高海淘频率
跨境电商平台包罗万象，与国际品牌合作成为战略必需	随着海淘消费群体不断壮大，消费者海淘个性化需求不断增强，对商品品牌和品类的选择也正在拓宽，巨头化趋势逐渐明显，玩转的跨境电商平台都是巨头当道，当下跨境电商扩展与国际品牌的合作已成为战略必需。2017上半年，各大电商平台，特别是巨头平台如网易考拉海购、天猫、京东等都抓紧与国际品牌商合作，圈占供应商，升级打造上游供应链，扩大与国际品牌的合作并扩充商品品类，迎战2017年跨境电商"拐点"。像网易考拉海购、天猫国际等跨境电商平台由于背靠资源丰富的企业网易、阿里，在扩展平台商品品类和国际商家合作方面占有优势，同时也能依靠强供应链打造提供优质物流服务。而其他细分垂直平台则主要依靠平台运营和用户体验方面吸引海淘消费者，未来针对自身平台主要消费群体继续精化业务是重要发展方向

从上述艾媒咨询报告的分析不难看出，我国跨境电商整体发展环境向好。另据浙江师范大学经济与管理学院、中非国际商学院独家编写发布的

《跨境出口零售电商大数据月度分析报告（2017年11月）》，"双十一""黑五"及圣诞预热的到来使得群众购买欲望高涨，Wish全站行业11月较10月平均增长21.35%。

高速增长的背后，我国电商"走出去"都去了哪里？我国电商平台在国外的接受度如何？在"走出去"方面，可以说全世界都有中国电商的身影，阿里巴巴全球速卖通已经覆盖全球230个国家。在中国跨境电商主要出口地中，美国、欧盟、东盟位居前三。而在出口渠道中，亚马逊占据了绝对主导地位。至于我国电商平台在国外的接受度，则是越来越高的。比如在俄罗斯，中国的速卖通已经成为访问量最高的电子商务网站。俄罗斯跨境网购业务的构成中，中国已占半壁江山，在东南亚排名前四的电商平台中，除亚马逊之外，其他三大平台都有来自中国的投资。

跨境电商作为近年来多项政策的受益者，且伴随着"一带一路"和"互联网+"的趋势，成功实现了快速发展，未来有望将有更多有利于出口跨境电商的政策出台，出口电商将继续其快速发展的势头。中国跨境电商正在大发展，政府、企业及相关机构应抓住这一难得的历史机遇，夯实基础，实现稳步发展。

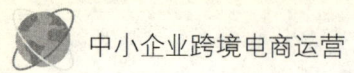

3.未来跨境电商的发展趋势

跨境电子商务是一种新型的贸易方式和新型业态,具有广阔的市场空间和良好的发展前景。具体来说,未来跨境电商的发展有以下六大趋势:

●趋势一:"自营+平台"是主流

保障正品、有价格优势、物流体验好、售后完善将是跨境电商企业的核心竞争领域。跨境电商平台类企业的综合竞争力主要体现在产品丰富等方面,其不参与交易,只是为平台上的买卖双方提供撮合机会。而自营类企业由于需要先采购商品,对企业资金实力和选择商品水平都提出了更高的要求,其综合竞争力主要体现在正品保障、售后服务响应迅速等方面,对母婴用品、3C、服饰等标准化、易于运输的重点消费产品,自营类企业能够把握市场热点,能够在细分市场中形成较强的竞争力。

综合考虑,下一阶段跨境电商企业的发展方向应是"自营+平台"类型企业,融合了产品丰富、正品保障等多项优势。

●趋势二:继续保持高速增长

从出口看,跨境电商出口卖家正从广东、江苏、浙江向中西部拓展,正在由3C等低毛利率标准品向服装、户外用品、健康美容、家居园艺和汽配等新品类扩展,这将为我国出口电商提供新的发展空间。

从进口看，随着如巴西、俄罗斯等新兴市场的不断加入，以及互联网技术的普及、基础设施不断地完善、政策不断地放开，我国出口电商的空间将进一步得到拓展。研究表明，随着国际人均购买力不断增强、网络普及率提升、物流水平进步、网络支付改善，未来几年，我国跨境电商仍将保持 30% 的复合年均增长率。有机构预测，2017 年交易额将达到进出口贸易总额的 20%。

●趋势三：B2C 模式将迅速发展

全球跨境电商 B2C 市场的规模不断壮大是重要的背景因素，埃森哲预计：全球跨境电商 B2C 将于 2020 年达到近 1 万亿美元，年均增长高达 27%；全球跨境 B2C 电商消费者总数也将超过 9 亿人，年均增幅超过 21%。

考虑到拥有超过 2 亿跨境 B2C 电商消费者，我国将成为全球最大的跨境 B2C 电商消费市场，预计 2018 年我国 B2C 出口交易额将超过 7000 亿元，跨境 B2C 电商将拉高消费品进口额，年均增速超过 4 个百分点。

●趋势四：出口占主导

2016 年，我国跨境电商中出口占比达到 86.7%，考虑到我国作为世界工厂的地位在未来一段时间内不会动摇，预计出口电商占比仍将保持在 80% 以上，2017 年将达到 6.64 万亿的规模。

随着我国进出口税收体系的进一步理顺和进口物流配套的持续升级，按照更多进口满足消费者需求的方向，预计未来 3 年，跨境电商进口的份额占比可提升至 16.2%，将成为跨境电商的重要增长点。

●趋势五：阳光化将是大势所趋

由于历史因素和体制机制的不完善，海关对邮包的综合抽查率较低，难以对每个邮包进行拆包查验货值和商品种类，大量的海淘快件邮包实际上不征税，这直接导致了我国跨境电商还存在不符合条件商品利用政策漏洞的灰色通关现象。

随着跨境电商规模的扩大，开正门、堵偏门，将灰色清关物品纳入法定行邮监管的必要性不断增强。同时，跨境电商阳光化有助于保障正品销售、降低物流成本、完善售后制度，是未来跨境电商发展的必然方向。未来随着跨境电商试点阳光化的继续推进，监管经验不断累积丰富，使阳光模式逐渐流程化、制度化。

●趋势六：保税模式潜力巨大

保税模式是商家通过大数据分析，将可能热卖的商品通过海运等物流方式提前进口到保税区，国内消费者通过网络下单后，商家直接从保税区发货，更类似于B2B2C。相比于散、小、慢的国际直邮方式，保税模式可以通过集中进口采用海运等物流方式，降低物流成本。同时，商家从保税区发货的物流速度较快，几乎与国内网购无差别，缩短等待时间从而有更好的网购体验。

从监管角度讲，保税模式也有利于提高税收监管的便利性。虽然保税模式会对商家的资金实力提出更高的要求，但目前来看，保税模式是最为适合跨境电商发展的集货模式，也是国内电商平台选用的主要模式。同时也要看到，通过保税模式进入仓库的货物能以个人物品清关，无须缴纳传统进口贸易 16% 的增值税，可能会对传统进口贸易带来冲击，监管部门也正在摸索着制定和完善相应的监管政策。

总的来看，跨境电商未来的发展方向必然是有利于降低交易成本，促进全球贸易便利化，有利于提升国内居民的福祉，有利于营造良好的营商环境，促进经济长期健康地发展。

4.中小企业发展跨境电商的机遇与挑战

近年来,跨境电商业务正一步步地取代传统贸易,逐渐成为对外贸易新的增长点。从"世界工厂"走向"世界商店",中国开放的脚步又迈上了一个新台阶。跨境电商缩短了传统的供应链,有效地降低了中间环节的成本,将营造更加宽松和便利的发展环境。跨境电商平台给中小企业提供了一个平等参与国际贸易的平台,使企业可以直接面对客户个性化、多样化的需求,这更有助于企业的跨越式前进。

●中小企业发展跨境电商的机遇

2015年6月16日,国务院下发了《关于促进跨境电子商务健康快速发展的指导意见》,强调通过"互联网+外贸"发挥我国制造业大国的优势。近年来,由于国际市场的变化,小且分散的"碎片化"订单取代了传统的贸易大单,中小企业在外贸订单中占有越来越大的比重。据商务部估算,目前每年在跨境电子商务平台上注册的新经营主体中,中小企业和个体商户已经占了90%以上。我们说中小企业做跨境电商迎来了发展机遇,源于跨境电商为中小企业带来诸多利好,如表1—3所示。

第一章　跨境电商的前世今生与未来

表1—3　跨境电商给中小企业带来的好处

利 好	分 析
减少贸易流通环节，提高效率	传统贸易模式由中国生产商开始，经中国出口商、外国进口商、外国批发商、外国零售商，才最终到达外国消费者的手中。跨境电商打破了地域的限制，中小企业可以在跨境电商平台上低成本发布自身产品信息，并与国外买家进行洽谈，更加直接面对客户个性化、多样化的需求，从而简化了传统贸易的流程
增加企业利润	在传统贸易中，企业只需要负责自己产品的生产，将产品的运输、报关报检等环节交由代理公司办理，生产商和消费者之间隔了多个渠道，生产商的利润被层层分割，最终可获得的产品利润微乎其微。跨境电商可以有效地打破渠道间的垄断，企业可以在电商平台上寻找买家，电商平台可以使企业利润最大化
降低门槛，参与贸易	跨境电商降低了企业参与外贸的门槛，为其提供了平等参与外贸的机会，如敦煌网、速卖通等跨境电商平台可以为企业在代理通关、国际物流等方面提供成本相对较低的服务，帮助外贸企业尤其是不具备进出口资质的中小企业提供高质量、低成本的跨境贸易服务。中小企业以更低的成本、更快捷的速度进入国内外市场，获得与大企业同样的市场竞争机会
提高企业出口市场产品的精准度	在互联网经济下，中小企业也开始尝试对外贸易拓展市场。但是面对庞大冗杂的信息却无从下手，甚至有时会被大量信息误导。同时，小企业由于缺乏专业人才，只能根据自己的理解进行模糊营销；而成熟的跨境电商平台有专业的团队可以对数据进行筛选、分类和整合，可以引导企业有针对性开展产品的创新和研发，同时可以帮助企业更精准地把握客户需求，更精准定位客户，找到真正的买家

● 中小企业发展跨境电商的挑战

中小企业通过跨境电子商务交易平台与国际买家进行贸易，这种方式流程短、时间快，可以缩短商品运营时间，降低运营成本。在当前的发展中，中小企业电子商务和企业内部管理信息化的水平在不断提高，但是总体上来说，还是处于相对比较低的水平。分析来看，中小企业开展跨境电商业务主要面临以下几个方面的挑战，如表1—4所示。

表1—4　中小企业发展跨境电商面临的挑战

事项	含义
跨境电商应用率偏低	当前，我国的很多中小企业在电子商务应用水平方面有待提高。现实中，很多中小企业选择通过电子商务来进行部分业务活动，并在商务活动中比较重视信息的发布、共享，以及客户交流与沟通的阶段。有的企业已经在网上开展采购和销售活动，还有的企业通过互联网进行采购，但是业务规模并不是很大，企业在很多大型的电商平台上开展网上销售活动，但网上销售额在销售总额中占比不高
信息化管理欠缺	所有企业在发展的过程中都使用了互联网技术，有的企业已经建立了局域网，但是企业内部管理的信息化水平还需要采取有效的措施加以改进和提升。而从系统的实际应用状况来看，很多企业在财务管理和人力资源管理系统运行方面都处于较好的状态，而其他系统在运行的过程中，其状态并不是很好，一些企业因为受到了资金和技术的影响，在内部管理的信息化水平上还存在着一定的不足
与上游企业协同和联动不足	通常，在供应链中所起到的作用越重要，与上下游企业的协同和共享水平也就越高。当前，很多中小企业所参与的电子商务还处在信息发布和传递的阶段，很多企业在发展的过程中更加重视网上的营销工作，开始和客户及下游企业形成联动作用，但是在实际的发展当中在协同共享方面还存在着一定的不足
缺乏平台建设长远规划	中小企业电子商务应用平台在建立的过程中一般主要有两种形式：一是建立独立的企业网站，二是加入第三方电子商务平台。企业自建网站通常都是静态化的网站，网站设计技术并不是非常先进，网站的功能也不具有多样化的特征，主要是用其加大企业的宣传力度，同时还能够对企业的主打产品进行展示，在系统运行的过程中没有非常强大的系统支持。总的来说，中小企业在电子商务平台的建设规划上没有一个相对比较长远的规划，而是更加重视短期所产生的经济效益，电子商务的发展目标也不是十分的清晰。加入利用第三方电子商务平台的企业，一般都是由第三方电平台来开展宣传工作及相关信息的发布，但是其运用的过程中由于受到多种因素的限制使得应用效率受到很大的影响。此外，有些企业利用第三方电子商务平台的费用比较高，但是在效果上并不是很好，所以逐渐又退出了第三方电子平台
物流配送体系不完善	跨境电子商务实务中，物流配送体系的发展是非常重要的一个因素。当前，我国很多地区的中小企业在物流配送体系上还没有完全进入成熟的阶段，企业在发展的过程中需要承受较高的物流成本，有些中小企业因为找不到物流而放弃交易，这对企业的发展是十分不利的

在互联网+时代下，跨境电商迎来历史性的机遇，而伴随着机遇到来的是重重的挑战。随着跨境电商的利好政策不断出台，中小企业要根据自己的情况制定出合适的策略，将挑战化为竞争优势，争取在国际化的道路上走得更稳更远。

第二章

中小企业转型跨境电商需要修炼的三大内功

跨境电商成为当前国家"互联网+"战略中的亮点之一。对于处于发展中的众多中小企业来说,向跨境电商转型是"互联网+"时代应对商业环境变化的必要选择。从能力的视角看,中小企业的这种转型有三个路径:一是提升高层管理者自身的管理认知水平;二是打造一支做跨境电商业务的电商团队;三是构建平台利用+业务发展的组织能力。这三个路径是一个环环相扣的过程。

1.提升高层管理者能力：提升自身的管理认知水平

企业成功转型始于高层管理者自身的改变，中小企业的跨境电商成功转型往往是由高层管理者驱动的。具体来说，提升自身的管理认知水平有两个维度，即认知水平的提升和社会资本的强化，这是高层管理者驱动中小企业跨境电商转型的必要条件。

● 提升管理认知水平，注重分享与合作

中小企业高层管理者要驱动企业成功转型跨境电商，首先必须通过学习和反思来克服管理认知方面的局限，充分认识到分享与合作的重要性。在这方面，阿里巴巴的培训指导方式具有示范意义。

阿里巴巴在培训指导方面开发出了"橙功营""寻梦之旅"等培训活动，为中小企业高层管理者提供了学习和反思的机会。"橙功营"是阿里学院针对B2B外贸企业的老板量身定制的最新管理系列课程，它通过培训、分享、参观、交流等方式，给客户带来三样东西：圈子、思维和重新定义的成功。在橙功营，中小企业高层管理者结识了商友，学习了知识，共享了资源。几乎每个月都有十几场橙功营在广东这片热土上举办，一同推动着网商的成长，见证着网商的成功。"寻梦之旅"是阿里巴巴推出的针对企业管理层的样板客户、企业产业链上下游进行跨界交流、参观的培训产品，通过1~4天的参观学习，开拓眼界，直面成功。"寻梦之旅"培训活动有三项内容。一是破冰融合。快速打开参训人员心扉，使参训人员之间更加融合；调整学习心态，使参训人员快速进入学习状态。二是参观交流。通过实地参观让参训者直观感受外界的成长和市场的机会，将枯燥的学习在游学参观中被参训人员快速吸收和领悟，与学校教育相比较，知识的传播和吸收更加生动和直观，富于趣味。三是主题分享。安排当地成功企业或相关产业链人员讲授其成功经验或专业知识，是游学中的知识提炼和凝聚的过程，帮助参训人员更好地领悟与吸收。

如果说阿里巴巴在中小企业跨境电商转型中起到了重要的作用，那么，"橙功营"和"寻梦之旅"功不可没。这种培训方式打破了传统的培训模式，拓展了网商思维，让原本处于孤独状态的小企业管理者组建了属于自己的圈子，为草根网商搭建了绽放精彩的舞台。中小企业高层管理者通过参与这些培训活动，可以向跨境电商行业"最佳实践"的标杆企业学习，并结合企业实际对自身的定位、互联网下的新思维和新玩法等进行反思。毫无疑问，参加这样的培训，一定会提升中小企业高层管理者自身的管理认知水平。

●强化自身的社会资本，有效获取各种资源

企业的高层管理者都是镶嵌在特定社会关系网络中的，这些社会关系网络所蕴含的社会资本无疑是影响他们选择战略的重要因素。中小企业高层管理者要有意识地建立社会资本，比如积极参与各种商圈举办的交流和学习活动，从而强化自身的社会资本，获取所需要的各种资源，这对企业转型做跨境电商将会带来重要的影响。

商界是个圈。如果企业家建立了最重要的社交网络，便能掌握更多的

跨行业的资深优质资源。一个有效的社交网络能改变你的格局、未来甚至命运。来看一下这几个跨境电商的商圈的例子：

任曼宁英文名为 Mark，是鹰熊汇创始人。鹰熊汇现已聚集了国内几乎所有外贸跨境电商巨头高管、第三方平台 eBay、亚马逊、DH、脸谱网公司高管负责人、各自贸区主管负责人、外贸跨境电商服务商物流商高管、外贸跨境电商支付企业高管、大量外贸跨境电商主要供应商、大量第三方平台卖家，以及大量外贸跨境电商从业者。就像"鹰熊汇"这个名字一样，汇集了各路英雄。

徐鼎鑫江湖人称小马哥（Pony）。他建立的跨境电商社交群体，是唯一一个具有官方认可的民间组织，集聚遍布全球各地的华人电商圈，覆盖全球 50 多个国家和地区，并建立起电商与政府部门信息传递的高效通路，旨在打破原有的信息不对称。目前，"鼎堃跨境电商俱乐部"成员超越了 30 万人，并呈持续增长的趋势。

企业家们通过社交网络或培育人脉，或拓展商机。

2.打造业务团队：打造跨境电商业务团队

随着电商竞争的愈演愈烈，电商团队对专业性的要求也越来越高了。跨境电商是劳动密集型行业，人是第一生产力。中小企业转型做跨境电商，专业团队必不可少，那么怎么样才能打造一支高效稳定、能征善战的专业电商团队？不妨先来看看下面两个案例：

国内某家电企业准备转型，老板觉得只要挖来一个通晓电商业务的能人就可以了。于是他从"天猫"挖来一个很有经验的年经人来做电商团队的领导。年轻人确实很有干劲，来到企业以后也是想大干一场，迅速招聘了一批人组建了电商队伍。互联网企业的管理方式和传统企业不一样，自由随性得多，这位新来的团队领导自然也以其所浸淫已久的互联网公司的管理作风来管理电商团队。于是电商部门新招来的人，都可以穿短裤上班，不用穿工服、打卡，以及各种"自由散漫"的行为。大家看到这个新部门业绩尚未见着，各种"自由自在"的特权倒不少，许多人心里已经不爽；而偏偏老板想转型的心思又太急，没来得及做好管理文化上的调适，只一味地强调大家要向这些新来的人、新成立的电商部门学习，搞得大家心里更不是个滋味。由于电商项目做的始终还是企业的产品，于是在做专供电商项目产品时，大家开始各种明里暗里的不配合，以致整整弄了一年多才推出新产品，此时市场机会已经失去。于是电商团队埋怨传统业务部门：这样的速度，怎么干互联网？老板自然是大骂传统业务部门的不得力或不

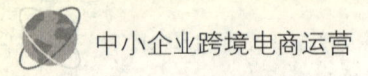

够配合,但各种内耗导致结果南辕北辙这一本质问题却始终没有得到解决。

从这个案例来看,在国内做事,除了天时、地利之外,最讲的还是人和。企业文化看着虚,但"人和"却是成事的保障。若大家不在一个"频道"上,事情就很难做顺。

某集团从一准备做电商开始,就安排了一位有十几年营销经验、对互联网有感觉、对做电商有浓厚兴趣的副总裁来负责,由他来担任电商团队的头儿。与此同时,从外部挖来一个懂互联网、会搭建技术平台的人,又从集团公司调来了采购、研发、生产等部门的人,组建了一支电商队伍。从互联网挖过来的人负责前台,公司原来各相关部门调来的人基本都负责后台,由集团副总指挥协调好前后台之间的合作。新团队的磨合期虽然发生过这样那样的事,互联网与传统企业之间的工作习惯和文化差异一开始也一样存在不同,但由于有这位带头的副总统一指挥,并以其在企业早已建立的威望以及丰富的营销管理经验,使得前后台人员之间的配合协作十分顺畅。三个月后,重新规划的新品上线开售,虽然中间也有些小摩擦,但整体项目推进得很顺利。

从这个案例来看,传统企业组建电商团队,既要邀请懂互联网懂平台的网络大咖加入,又不能完全依靠外援,还需有熟悉生产研发的"老人"加入,这样才有助于实现前台和后台的协调与配合。

《电商团队管理:组织构建、人员培训与流程优化一册通》一书认为,要想建立一支高效、有战斗力的电商团队,需要具备以下几个因素:人岗匹配,共同目标,沟通体系,统筹管理,加强学习。其实,传统企业搭建自己的电商团队,最重要的就是要让合适的人做合适的事,发挥各自所长。

第二章 中小企业转型跨境电商需要修炼的三大内功

其次,就是处理好团队内部、电商部门与其他各相关部门之间的利益分配问题。为此,组建团队应该参照包括分析、招聘和培训三个主要环节在内的流程。

●分析环节

组建电商团队应该根据以下两点来分析:

一是老板的性格,团队人员的搭配。组建团队的时候你最好先去评估一下老板是什么性格,强势的还是讲道理的,平易近人的还是比较完美的等。然后,招募的时候要做好匹配,只有匹配了大家才能团结在一起,工作才能不断向前进。否则老板看不惯下属,下属又不喜欢老板,团队可能就内耗了。

二是团队的价值观、奋斗目标。团队的价值观和奋斗目标至关重要。马云说过:"我们不能统一人的思想,但我们可以统一人的目标。"是的,团队如果方向不一致,可能就会产生分歧、内斗,那样团队就很不和谐,开展工作就会比较难,做事的效率也会很低,所以团队在招人的时候一定要了解应聘者的价值观。

●招聘环节

经过上述的分析之后,就可以制订计划去招聘了。招聘渠道有很多,主要有网上招聘和线下招聘。线下招聘也可以是朋友、同学、熟人介绍的,只要能对公司或团队发展有帮助的人都是可以借用的。

当然,招聘过程中选人是关键。选人的基本原则是:态度好,能力强是首选;态度好,能力差的可以培养;态度不好,能力强的基本不用;态度差,又没能力者只能说抱歉了。至于判断一个人态度好不好,一般需要

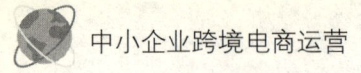

经过"察、听、问"这些步骤,以判定这个人是不是你想要的。

● **培训环节**

人员招进来了,并不代表团队就完美了,接下来还要看怎么培训。通过培训,提高员工的专业知识、服务技能;提高员工的职业意识与职业素养,提升其主动积极的工作态度及团队合作与沟通的能力,增强敬业精神与服务观念,加强其专业水准;提升各级管理人员的现代企业经营管理能力和管理创新能力,等等。培训属于人力资源管理模块,这里就不展开讲了。

经过这些步骤之后,团队的核心成员基本已经组建完毕,但不代表完成,这个时候的工作量其实是很多的,主要是打造适应电商发展的团队组织文化,诸如关心员工,让他们有归属感,营造一种家的感觉,尽量让大家都有收获、有成长、有希望,这样的团队才具备战斗力。

第二章 中小企业转型跨境电商需要修炼的三大内功

3.构建组织能力：平台利用能力+业务发展能力

在组织层面，中小企业的成功转型至少需要构建两方面的组织能力，即平台利用能力和业务发展能力。

●平台利用能力

平台利用能力指的是企业充分利用电商平台所提供的功能，并不断适应平台的升级和调整的能力。基于跨境电商平台，中小企业可以更好地分析运营数据，精准感知国外客户偏好，并及时响应客户的需求。此外，跨境电商平台自身的服务和规则也在随着市场变化而进行调整，因此企业必须能够不断地适应这些调整，才能保持在平台上的领先地位。

利用电商平台的关键是如何抓住潜在客户，为此要从以下三个方面着手，如表2—1所示。

表2—1 跨境电商企业利用平台获客的策略

策略	解析	平台展示
做好产品定位，选择合适的电商平台	目前，国内B2B电商平台超过百家，有综合性B2B平台，也有众多行业垂直细分平台，平台规模和拥有的资源也参差不齐。因此，企业在入驻电商平台前要做好产品定位和平台评估。综合性平台涵盖行业全面，数据丰富，企业可选择几家较大电商平台的入驻	中国网库是一家成立18周年的国内领先B2B电商平台，平台1800万企业数据及全国200座城市O2O展厅是其独特优势。而对于垂直细分电商平台，要做好产品定位，选择正确的电商平台，如做农产品的企业避免入驻工业、建材类平台

续表

策　略	解　析	平台展示
实时在线，做好咨询服务	由于B端面向的是企业间的交易，交货、付款方式等不同于C端，即便有平台支撑，也难以完成自主交易。因此，采购商对产品型号、用途、批量价格、交货方式等咨询是必须的。这就需要企业应有专门运营人员每天管理店铺，及时处理客户咨询。而下载平台自带的桌面聊天工具可帮助企业随时回答客户咨询，不错过任何一个潜在客户	领英（LinkedIn）是全球最大的职业社交网络，是一家面向商业客户的社交网络（SNS），其全球会员人数已突破5亿。主要访问人群为海外人群，目的是让注册用户维护他们在商业交往中认识并信任的联系人，同时也可以邀请他认识的朋友发展关系圈的人。在领英，你可以轻松地打造职业形象，获取商业洞察，拓展职业人脉并发现更多职业机遇
充分利用平台推送采购信息	在完整的采购及交易过程中，采购和供应商同时需要信息、资讯、支付、物流、保险和认证等服务。从供应商的角度，借助平台主要解决两个问题：快速、有效传达供应信息，如供求数量、价格波动信息；直观、形象地展示公司和产品的竞争力。从采购商的角度，通过平台，快速、安全、方便、节约地发布采购信息。基于这种需求，B2B平台可有效整合各方面信息，将采购商需求信息推送给相应的高品质供应商，从而为企业提供潜在客户。因此，企业要充分利用平台推送的采购信息，做好需求确认，变为潜在客户	云之讯短信平台可以实现大批量短信推送，会员激活、活动介绍等，都可以通过短信的方式推送。从技术角度，云之讯平台要靠谱很多，因为有很多优势：一是更加稳定，多点部署，主力通道+备份通道，规避突发风险，确保发送顺畅，不会出现以前的短信延迟现象；二是高到达率，其自主开发的分发系统和资源配置系统，智能路由，高达99%的到达率；三是云之讯短信平台价格极具竞争力，使用越多单价越低，高性价比，按需付费，无网络及硬件维护成本。电商行业节假日活动较多，对短信发送的需求量很大，云通讯平台是比较合理的选择

最后要说明的一点是：中小企业做跨境电商最好能建立自己的平台，如果能力有限，不妨采取利用第三方平台与自建平台相结合的方式。这方面的内容我们将会在后面讲到。

● 业务发展能力

跨境电子商务业务主要包括企业对企业（即 B2B）和企业对消费者（即 B2C）的贸易。业务发展能力指的是企业在电商平台的直接或间接帮助下，获取资源或服务，从而推进跨境电商业务的能力。

阿里巴巴提供的"一达通""金品诚企"等增值服务被许多中小企业所利用，较好地解决了跨境电商的通关、物流、外汇、退税、信用等关键问题，从而能够更加聚焦于核心业务。一达通是阿里巴巴旗下外贸综合服务平台，也是专业服务于中小微企业的外贸综合服务行业的开拓者和领军者，已成为中国国内进出口额排名第一的外贸综合服务平台。一达通的一站式服务包括以下内容：一是外贸综合服务；二是出口基础服务；三是退税服务；四是外汇服务；五是金融服务；六是超级信用证；七是一达通流水贷；八是结算宝；九是保单贷。金品诚企是阿里巴巴根据买家采购习惯推出的综合性推广服务，旨在帮助企业快速赢得买家信任，促进交易。使用金品诚企服务，除了享有基础会员服务，企业关键信息还将由第三方国际权威认证机构进行认证，再通过 Alibaba.com 平台多渠道地曝光，真实、全面地展示企业实力，提升被买家选择的概率。

需要指出的是，中小企业也不应该把所有的鸡蛋放进一个篮子，因此在多个平台、多个渠道协同运营的能力也极为重要。

第三章

中小企业开展进口跨境电商的六大模式

　　如今随着跨境电商的日益盛行，越来越多的商家开始布局跨境电商行业，但是面对多元化的跨境电商，商家们常常是"丈二和尚——摸不着头脑"。其实，除了传统的海淘模式外，跨境电商还有海外代购模式、直发/直运平台模式、自营B2C模式、导购/返利平台模式和跨境O2O模式。本章分析了不同模式的概念、特点及起源与发展，并通过相关案例予以展示。

1.海淘模式：最为传统的模式

所谓"海淘"，就是跨境电商企业直接参与采购、物流、仓储等海外商品的买卖流程，对物流监控、支付体系都有自己的一整套体系。

●海淘的兴起及其原因

从起步到腾飞，"海淘"市场只经历了短短几年时间。历史数据显示，2007年，"海淘"市场规模仅有4亿元左右，2009年猛增为50亿元，2014年"海淘"市场规模达700亿元左右。《2014年中国网络购物市场研究报告》显示，2014年度人均海淘消费金额为4948元，相当于年度人均网购消费金额的64.1%；年度人均海淘消费次数为8次，相当于年度人均网购消费次数的1/6。这些数据说明，当时的海淘消费潜力巨大。第三方机构艾媒咨询发布的《2016—2017中国跨境电商市场研究报告》显示，2016年中国跨境电商交易规模达到6.3万亿元，是2013年时的2倍多，海淘用户规模达到4100万人次。

"海淘"的兴起得益于日益便捷的网络购物渠道以及国内的消费需求。消费者永远跟随着价格、质量、服务体验走。为什么大家去国外旅游购物？海淘作为一个既定事实，从以下三个方面入手找原因比较合适：第一，在价格方面，由于国际品牌定价歧视和中国较高的关税及流转税税率，国外品牌（尤其是奢侈品和化妆品）进口后在中国零售的价格显著高于海外购买价；第二，在品质方面，消费者对于奶粉、奢侈品、化妆品等，消费者对品质的要求较高；第三，在服务体验方面，当时某些特殊品牌和商品品类仅在国外有售，国内没有引进，于是各种海淘一片大热。

当然，除了网购渠道和消费需求，人民币国际支付能力的增强也是重要原因。另外，一系列跨境进口电商政策赋予"海淘"合法身份，确认监管和征税方式，降低关税，一系列政策都是政府促进消费回流国内的决心，更是明显的政策红利的信号。业内人士认为，即使跨境电商的税收红利在未来会逐渐关闭，一般贸易税率可能平缓走低，但当时的海淘形势大好。

● 跨境海淘模式分析

早年的跨境电商还是一片无人之地，人们对电商趋之若鹜。转眼之间，"巨头们"已不满足于当前的发展，纷纷踏足跨境电商做海淘。如顺丰在2014年推出了"全球顺"服务，自建平台"海购丰运"成功出海，天猫国际、京东、唯品会也纷纷涉足海淘业务。在当时的业内人士看来，目前国内市场竞争激烈，利润空间缩小；高利润的国际电商配送市场更具吸引力。经过快速发展，海淘已经拥有了技术及经验沉淀，催生了三大模式：海外电商直邮、买手贸易、代购服务。如表3—1所示。

表3—1 三种跨境海淘模式分析与代表企业

模式	解析	代表企业
海外电商直营	直营似乎是最便捷的模式，海外仓库直接发货，只要一个中文页面就能够解决了，两个展示一个系统似乎是一个高效的生态	海外直邮以美国亚马逊、iherb、carters等为代表。由国外电商直接在国外发货，相当于国外电商开始中国版

续表

模式	解析	代表企业
买手贸易模式	买手贸易是海淘最赚钱的模式，本质上是传统的时尚买手模式的升级，让售卖渠道转为线上，把国外热门畅销的商品带到国内卖，简单容易操作，是现在很热门的一种方式	买手贸易模式以考拉海购、蜜芽宝贝、蜜淘全球购、洋码头等为代表，当时所有能看到的关于海淘的广告的传播，都是源于这个模式
代购服务模式	代购服务是海淘最久远的模式，这种模式至今还在部分买手贸易商当中被当作非主流的服务模式存在。这是最典型的互联网盈利模式，通过服务，将流量变现。这种模式售卖的其实不是商品，而是为消费者提供购买服务	千万的淘宝代购、惠惠购物助手、海蜜等都是这样的模式。他们的这种模式不需要仓库，不存在积压，本身仅需要做好服务一个环节就好

海淘模式有利有弊，归纳总结其优势和缺点，大致体现在以下几个方面，如表3—2所示。

表3—2 海淘模式的优势和缺点

优势	缺点
①可以在家"逛"国际商店，订货不受时间、地点的限制。②获得较大量的国际商品信息，可以买到国内没有的商品。③海外购物网站上的商品价格比国内专柜价格便宜很多，且海外购物网站经常会有打折促销活动。④随着人民币汇率的升高，人民币的购买力增强。	①语言限制。海外购物网站大多都是外语界面，如果外语不好，则相对国内网购有一定困难 ②国际配送周期长且相对国内配送风险大，各环节物流快递的素质参差不齐；转运行业没有规范的企业规定，出现转运公司关闭等问题时，无处投诉。"海淘有风险，购物需谨慎"是普通消费者必须重视的 ③消费者使用中国发行的信用卡没有拒付权，且不被大多数海外网店接受 ④物流、金流、信息流运作过程中有任何问题需打国际长途用英语与各方沟通，国际邮件很不可靠，退换货也不方便。⑤网络支付不安全。因信用卡资料由国外网店保管，且国外信用卡支付系统交易无须密码，传输过程中可能在各环节被偷窥，号码被盗。所以要确保网络环境安全，电脑中没有任何潜藏木马病毒

续表

优　势	缺　点
⑤国内的奢侈品市场假货充斥，是真是假，没有一双慧眼还真是很难识别。然而海外购物网站上的商品基本无须担心假货的问题，可以让人放心地购买。	⑥消费者接触到的各种转运公司通常并非真正的具有通关资源的国际物流渠道商，而是中介。这些转运公司通常不靠电商返点而是靠隐性中介费来盈利，可能不比专业代购收费低。 ⑦各个国家政策变动频繁，而且随着越来越多的国家意识到海淘这种行为模式，政策上的谨慎就给海外消费者带来潜在的风险和困惑，比如新西兰奶粉出口政策的收紧

海淘具有低价格、高信任的自带属性。在模式没有差别的情况下，跨境电商只能围绕着"低价格、高信任"这两个核心去做，而在国家出来新政策后低价的属性被削弱不少，所以最核心的竞争力还是信任。因此，要做跨境电商，就得做高价值、高信任度的商品。从这个意义上说，海淘模式应该有不错的未来。

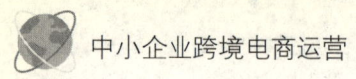

2.海外代购模式：海外代购平台、朋友圈海外代购

海外代购模式简称"海代"，它是继"海淘"之后第二个被消费者熟知的跨国网购概念。海外代购，简单地说，就是身在海外的人或商户为有需求的中国消费者在当地采购所需商品并通过跨国物流将商品送达消费者手中的模式。

从业务形态上，海外代购模式大致可以分为以下两类：海外代购平台、朋友圈海外代购。

●海外代购平台

海外代购平台的运营重点在于尽可能多地吸引符合要求的第三方卖家入驻，不会深度涉入采购、销售以及跨境物流环节。入驻平台的卖家一般都是有海外采购能力或者跨境贸易能力的小商家或个人，他们会定期或根据消费者订单集中采购特定商品，在收到消费者订单后再通过转运或直邮模式将商品发往中国。

海外代购平台走的是典型的跨境C2C平台路线。代购平台通过向入驻卖家收取入场费、交易费、增值服务费等获取利润，其优势是为消费者提供较为丰富的海外产品品类选项，用户流量较大。劣势在于：消费者对于入驻商户的真实资质报以怀疑的态度，交易信用环节可能是C2C海代平台目前最需要解决的问题之一；对跨境供应链的涉入较浅，或难以建立充分的竞争优势。

●朋友圈海外代购

每个人的朋友圈里或多或少都会有那么几个亲戚、朋友、同学，用各种海外代购产品时不时刷一下屏。从老人养生到母婴用品，从商务办公到生活起居，也可谓应有尽有，令广大女性朋友痴迷的名牌包包、化妆护肤品等更不在话下，其中也不乏很多做得风生水起的。

小李是北京某知名外语学校的一名老师，因为工作原因，他经常往返于北京与欧洲各国。当时他刚用微信，就顺便为朋友做代购，只是想赚点旅行补贴。作为最早的微信代购族，小李每次出国前都会在朋友圈里发一条微信，询问谁要代购商品，而约定的佣金是商品价格的10%。以国内标价1万元的知名皮包为例，英国的标价大概7000元，代购的佣金是700元。而且到机场还能有700元的退税，而这笔退税也是归代购者的。仅这个皮包小李就净赚1400多元，首趟英国行程他轻松入账3000元。在当时，做代购的人多以商旅者居多，代购品以奢侈品、化妆品居多，质量也能得到保证。

尝到甜头的小李与妻子开了一家微信网店，兼职做起了海外代购，开启了微商时代。这时他们仍采用订购的方式：买家提出订单后，他们用海外关系购买，然后以礼品的方式邮寄到国内。在当时，他和妻子一个月就能净赚了1万元。

让小李没想到的是，不到一年时间微商就星火燎原、遍地开花了。小李每次打开微信朋友圈，到处是海外代购的刷屏。而海外代购的商品也扩大到了电子产品、食品，甚至是药品领域，且要多少有多少。由于当时微商无法监管，大批高仿假货趁虚而入，而所谓的代购小票也多是假的。在假货的影响下，小李的微信小店倒闭了。

微信朋友圈代购是依靠熟人、半熟人社交关系从移动社交平台自然生长出来的原始商业形态。海外代购的参与者中，除了作为消费者的买家要有一双火眼金睛明辨真伪，避免上当受骗之外，作为卖家，同样也要小心谨慎，虽然社交关系对交易的安全性和商品的真实性起到了一定的背书作用，但受骗的例子并不在少数。随着海关政策的收紧，除了对代购的产品合法处理关税问题，还要注意鉴别所代购的产品是否是受到法律限制或者禁止的，千万不能抱着只要有人卖我就卖的心态，因为监管部门对朋友圈个人代购的定性很可能会从灰色贸易转为走私性质。在海外代购市场格局完成未来整合后，这种原始模式一定会被规范，否则难以为继。

根据我国《海关法》第四十六条规定："个人携带进出境的行李物品、邮寄进出境的物品，应当以自用、合理数量为限，并接受海关监管。"

权威法律人士解读海外代购当然不等于"违法"，但也需要把握一定的限度，对于一般普通人出国购买5000元以下的自用物品，一般是不缴税的。对进出境个人物品，海关以"自用、合理数量"为基本验放原则，自用是指旅客携带物品为本人自用、馈赠亲友而非为出售、出租牟利或收取带工费等，而合理数量是指海关根据旅客旅行目的和居留时间所规定的正常数量。而如果转售用以赢利，则属商业目的的货品，则不能免税。当然，对于专门做海外代购生意的也可以在合法范围内做，比如一些代购网站，针对国内某些非常受欢迎的商品进行国外采购，而后快递给客户，以这种方式进行海外代购最终会在价格上计入税款，或者由客户签收商品时补缴税款，这就没有法律风险。若网上代购者故意逃避海关检查，或者以自用的名义通过海关检查，但实质上用于销售的，从严格意义上讲，均属于逃避关税的行为，涉嫌走私。

3.直发/直运平台模式：典型的第三方B2C模式

直发/直运平台模式又被称为"转运配送或直接代发货"（dropshipping，外贸术语，是供应链管理中的一种方法）模式。在这一模式下，电商平台将接收到的消费者订单信息发给批发商或厂商，后者则按照订单信息以零售的形式对消费者发送货物。由于供货商是品牌商、批发商或厂商，因此直发/直运是一种典型的B2C模式。

我们可以将直发/直运模式理解为第三方B2C模式。下面我们将从B2C模式入手，以国内的"天猫商城"为例来解析这种模式。

●什么是B2C

B2C即Business To Customer的简称，翻译过来就是企业到客户，是指利用因特网进行全部的贸易活动，即在网上将信息流、资金流、商流和部分的物流完整地实现连接。

B2C模式是我国最早产生的电子商务模式。现在，B2C电子商务以完备的双向信息沟通、灵活的交易手段、快捷的物流配送、低成本高效益的运作方式等在各行各业展现了其极强的生命力。

B2C网站有以下四个特点。第一，无须实物商铺，有利于企业降低销售成本，有利于降低个人支出，它是直接由消费者集中和单一网络运营商家进行交易，因此，网络运营商家就像在网络上扩大了经营范围的零售商。

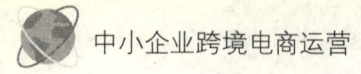

商品完全通过网络进行交易，从消费者到网上挑选和比较商品，到网上购物支付，到物流配送以及售后服务，整个一条线通过网络完成，不进行当面交易。第二，商业信用比传统商业模式低。第三，安全性能也比传统商业模式难以控制。第四，用户群数量巨大，所采用的商务、身份认证、信息安全等方面的技术和管理办法必须方便、简洁、成本低廉，易于大面积推广。

B2C 网站的分类有两种标准。一是按照市场分类，主要分为综合类 B2C 网站和垂直行业 B2C 网站。综合类 B2C 网站的特征是主要为各类商家提供一个在线出售自己商品的平台，利用平台的大流量，挖掘潜在顾客，从而实现收益。垂直行业 B2C 网站的特征是把商品按照一定标准分门别类后，选出更适合做网购的商品，搭建一个销售平台，如京东商城专卖家电数码商品。二是按照交易客体分类，主要分为电子商务企业建网站直接销售产品模式、电子商务企业建立网站提供交易平台模式、制造商建网站销售模式和传统零售商建网站销售模式，例如苏宁易购。

● **天猫商城 B2C 模式分析**

天猫原名"淘宝商城"，是一个综合性购物网站。淘宝网全新打造的 B2C 整合了数千家品牌商、生产商，为商家和消费者之间提供一站式解决方案。提供 100% 品质保证的商品，7 天无理由退货的售后服务，以及购物积分返现等优质服务。2012 年 1 月 11 日上午，淘宝商城正式宣布更名为"天猫"。2012 年 3 月 29 日，天猫发布全新 Logo 形象。2012 年 11 月 11 日，天猫借"光棍节"大赚一笔，13 个小时卖 100 亿，创世界纪录。2017 年，"双十一"开场 11 秒钟，淘宝系交易额超 10 亿，3 分 01 秒成交额破百亿，无线成交占比 93%。第九届天猫"双十一"全球狂欢节开始 1 小时 49 秒，成交额超过 571 亿元，这一数字是 2014 年"双十一"全天的成交额。根据阿里巴巴11月12日零点公布的数据，2017年"双十一"天猫、淘宝总成交额1682亿元，刷新纪录。目前，天猫已经稳居B2C行业无人能敌的领先地位。

天猫商城旨在依托淘宝网优势资源，整合上万家品牌商、生产商，为商家提供电子商务整体解决方案，为消费者打造网购一站式的服务，力争将以淘宝网为主的消费者平台升级为"无处不在"的供需双赢的消费平台。天猫商城构筑店铺展示系统、信用评价体系、商家成长机制、即时沟通工具、商品编码系统、API平台开放系统、正品保障机制、SNS社区和淘江湖系统、支付体系等八大机制体系，构建电子商务网络购物生态圈，为商家提供电子商务整体解决方案，为消费者打造一站式的购物体验平台。

天猫商城的模式是做网络销售平台，卖家可以通过这个平台卖各种商品，这种模式类似于现实生活中的百货大楼，每个商家在这个网络"百货大楼"里交一定的租金就可以开始卖东西，主要是提供商家卖东西的平台。天猫商城不直接参与卖任何商品，但是商家在做生意的时候要按照天猫商城的规定，不能违规，违规它会处罚你。如果这个网络"百货大楼"想赚更多的钱，就会加你租金，你不交它就会把你赶到（淘宝）集市上摆摊。而一些不服管制的业主就会拉大旗、耍大刀地跟这个商城的负责人理论。这就是天猫商城，与我们现实生活中的百货大楼类似。

天猫作为独立的第三方交易平台具有技术框架布局和系统平台维护方面的明显优势，已经成为那些没有资金和实力建设自己网上平台的中小企业"触网"的首选。相对于垂直型B2C和综合型B2C，虽然中小企业选择第三方交易平台可以节约大量的人力、物力、财力，但平台型B2C还是存在以下几点不足：第一，发展时间短，平台规模小。第三方交易平台出现时间不过几年，其业务规模和使用者数量需要时间的积累；第二，与企业业务结合程度不深。第三方交易平台一般是从企业外部逐渐切入企业内部的,其结果必然是与企业的业务结合程度不够紧密,这是第三方交易平台的一个主要瓶颈;第三,信用成本高。本来交易双方就存在信用问题,而第三方介入又使得平台本身和交易方存在信用问题。

4.自营B2C模式：综合型自营平台、垂直型自营平台

在自营 B2C 模式下，大多数商品都需要平台自己备货，因此这应该是所有模式里最重要的一类。自营 B2C 模式分为两种类型：综合型自营跨境 B2C 平台和垂直型自营跨境 B2C 平台。

●综合型自营跨境 B2C 平台

综合型 B2C 也可以称为自营百货零售型 B2C。目前，京东商城是国内规模最大的综合型 B2C 电子商务企业，其特点是产品线结构非常丰富，拥有广泛的、忠诚的注册用户，以及众多的合作供应商，拥有更有竞争力的价格和逐渐完善的自有物流体系等优势。京东商城接连受到国际著名风险投资基金的青睐，说明了具有战略眼光的投资人对综合型 B2C 的美好前景的认可。从中国 B2C 发展趋势来看，综合型 B2C 具有更快的发展速度和更广阔的发展前景。

京东商城、卓越亚马逊、当当网等网站从垂直型成功转型为综合型网站，验证了国内 B2C 电子商务发展的趋势。众多垂直型网站转型的原因无外乎以下几个原因：第一，经过多年的发展，垂直型网站用户规模不断地扩大，已经有能力扩展到其他行业；第二，网站的发展在于创造用户和满足用户的需求，转型为综合型网站可以更好地满足用户不同的需求，提供一站式的产品和服务，能够更好地留住用户的心、培养用户的忠诚度；第

三，扩展到其他产品线，增加收入渠道进而打"组合拳"，可以获得更多的利润。总的来说，追求利润是垂直型 B2C 网站转型的根本原因。

综合型 B2C 网站在满足用户不同需求的优势之下，其劣势也是明显的。综合型 B2C 网站商品种类繁多，需要与众多的供应商、制造商合作，其运营成本必然要剧增，仓储能力、客服等工作压力也会随之出现，物流亦成为综合商城的一大瓶颈。综合型 B2C 网站需要更多的精力来应对各种挑战。

●垂直型自营跨境 B2C 平台

垂直型 B2C 是指平台在选择自营品类时会集中于某个特定的范畴，如食品、奢侈品、化妆品、服饰等。垂直型 B2C 主要有两大特点：一是专，二是深。"专"是指集中全部力量打造专业性信息平台，包括以行业为特色或以国际服务为特色；"深"是指此类平台具备独特的专业性质，在不断探索中将会产生许多深入且独具特色的服务内容与盈利模式。据此，垂直型 B2C 主要走的是专业化的品牌经营之路。

垂直型 B2C 的优势具体表现在以下三个方面：第一，在垂直细分领域做出自己的特色，形成品牌效应，可以满足那些看重品牌的消费者；第二，产品和服务的专业化，垂直型 B2C 在产品的划分上具有单一特性，有助于产品和服务的细分，通过精耕细作，更能抓住用户的心；第三，垂直型 B2C 的物流管理更加高效、便捷，可以满足消费者对快捷服务的要求。

随着电子商务的不断发展，物流逐渐成为电子商务的一大短板，垂直型 B2C 的高效、便捷的物流管理有助于其进一步的发展壮大。相比优势，垂直型 B2C 网站的劣势也是不容忽视的：过于专业化，将产品定位于某类或者某几类产品，这样限制了网站的盈利范围；走品牌性的经营之路，虽说能不同程度地满足消费者的品牌爱好，但这样也往往使得目标群体过于狭窄；若产品和服务定位不精准或者没有深耕细作，很容易使网站发展陷于死胡同。比如说：知名度有了，但是无法形成品牌的力量，品牌最重要的是与用户建立一种长久的关系。

国内著名的凡客诚品、乐淘、好乐买等都是成绩斐然的垂直B2C网站，都得益于发展目标专一、专注一行的特点。

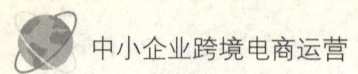

5.导购/返利平台模式：引流部分+商品交易部分

导购/返利模式定位于对信息流的整合，模式较轻，是一种比较轻的电商模式，较容易开展业务。这种模式分成两部分来理解：引流部分+商品交易部分。

●引流部分

引流部分是指通过导购资讯、商品比价、海购社区论坛、海购博客以及用户返利来吸引用户的流量。

导购返利网是导购网站中的佼佼者，其主站"导购说"主要分为说逛街、说购物，分享潮流新品、搭配心得等几大模块。通过关注更多的时尚密友、搭配高人，发现美丽，搜索流行。并且提供各种风格的衣服饰品、服装搭配方式等信息，同时提供时尚、美容问答服务。在"导购说"，若干爱漂亮、爱自己、爱网购的朋友聚在一起。一起讨论最近有什么好宝贝值得买？在哪里买最放心？有性价比更高的选择吗？怎么搭配最漂亮？什么场合搭配什么服饰？大家共同分享自己喜欢的"宝贝"，还可以询问大家对一件"宝贝"的意见，让朋友们为你出谋划策。当然，"导购说"还有大量网购高手们分享出来的好"宝贝"，每一样都是经过精心挑选、实际体会的产品。面对茫茫的商品，不知道怎么选择，心里没有底的时代，在来到

"导购说"的这一天,将被终结。从此网购之路更聪明、更时尚、更美丽、更快乐,更好说导购。

导购返利网的返利购物模式是新时代互联网电子商务的创新模式。导购返利网采用购物返现金的形式聚集了大量的网购会员,会员从这里在各大网上商城购物,订单完成后(无退货的情况下),导购返利网作为该商城的合作伙伴,可从该商城得到一定比例的销售返利金额,导购返利网再把返利金额的绝大部分返还给会员。这就是现金返利模式,不单可以得到返利福利,而且还不影响会员本该享受到的优惠。

● 商品交易部分

商品交易部分是指消费者通过站内链接向海外 B2C 电商或者海外代购者提交订单实现跨境购物。为了提升商品品类的丰富度和货源的充裕度,这类平台通常会搭配海外 C2C 代购模式。因此,从交易关系来看,这种模式可以理解为海淘 B2C 模式+代购 C2C 模式的综合体。

55 海淘是一家为国内消费者提供海淘返利的导购软件,涵盖海外主流电商,精选全球正品优惠折扣信息,让国内千万用户轻松浏览和选购全球商品。55 海淘更是目前国内的中文海淘返利平台,国内用户通过 55 海淘在海外电商购物,还能获得 40% 的美元返利。

总的来说,在典型的情况下,导购/返利平台会把自己的页面与海外 B2C 电商的商品销售页面进行对接,一旦产生销售,B2C 电商就会给予导购平台 5%~15% 的返点。导购平台则把其所获返点中的一部分作为返利回馈给消费者。

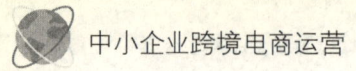

6.跨境O2O模式：线下线上合作的模式

苏宁控股集团董事长张近东在2016年的"两会"提案中建议，应鼓励跨境电商O2O的发展模式，构建便捷的实体消费场景。他表示，跨境电商O2O的发展模式，既能让国内消费者不出国门就能享受到同等的产品和服务，又能带动国内制造业的转型升级，把海外消费留在国内，为国内企业增收、创收。

● 跨境电商 O2O 元年，体验店遍地开花

如果说2014年是进口跨境电商元年，那么2015年就是进口跨境电商O2O元年。这一年，从华南地区引爆的跨境电商O2O体验店迅速在全国蔓延，呈现出遍地开花的态势。我们不妨先看一下进口跨境电商O2O这一模式是如何演变出来的。

位于上海自贸区的外高桥进口商品直销中心曾出现了市民抢购的热潮，是当时上海最热门的卖场之一。尽管直销中心每天10点才开门，但8点不到，就有人开始排队，其中多数是年纪较大的人。按照工作人员的话说"相当于重现了上海世博会的排队盛景"。直销中心最热销的商品是进口海鲜和水果等生鲜食品。比如：两公斤售价138元的莫桑比克彩虹虾，比一些生鲜电商还便宜40%；188元一盒的澳洲生蚝，比市面价便宜20%左右。

528元一只的帝王蟹，600多元一箱的加拿大龙虾，在直销中心开门3分钟之内被抢购一空。进口水果也是热销商品。比如美国车厘子，海运货折合60元/公斤，空运货折合100元/公斤，而同等品质的在水果店要卖到140元/公斤。很多顾客都是成箱购买，回去和亲友分享。

如果仔细比价，可以发现进口直销中心的部分商品比一般超市便宜20%，但和电商比并没有绝对价格优势。既然如此，顾客为何会趋之若鹜呢？前来购物的顾客说："进口直销食品价格不一定便宜，但还比较公道。最重要的是新鲜，有些网上买的食品寄到手都没卖相了。"由此可见，直销中心正是在产地和渠道这两点上下工夫，确保质量可靠，价格也尽量优惠，才对市民有吸引力。

这家直销中心的模式与跨境电商无关，属于传统的一般贸易完税业态，但因"自贸区""直销"等概念，获得了消费者的大量关注。鉴于这一模式本质上就是一般贸易，因此可以不受任何障碍地在自贸区外进行复制推广，其核心就是"去国内代理商"的线下直销模式。

作为中国第一个自贸区，上海除了发展"进口商品直销"业态外，还推广了"保税展示交易"。在"保税展示交易"模式下，消费者可以到自贸区（或保税区）内体验商品，如果确定购买，再由商家启动一般贸易程序，清关发货给消费者。之后，重庆借鉴了这一做法，并进行了突破，率先将保税商品延伸到主城区（非保税区），搭建了"区外保税商品展示交易中心延展平台"。广州参考了重庆的做法，美悦优选的跨境电商O2O体验店引发了热议。

2015年1月，美悦优选在广州核心商圈珠江新城推出了当地首家跨境电商O2O体验店。这个体验店综合了"跨境电商"和"保税展示交易延展平台"，使得这类体验店不仅可以享受跨境电商模式的行邮税税率，而且能够将店面延展到市区的繁华地段。美悦优选在开张之际，引发了市民的热捧。一时间，广州的跨境电商O2O体验店遍地开花，风信子、摩登百货、广百荟等一大批线下体验店相继开张，甚至出现了10天内8家体验店同时开业的盛况。

除了广州外，郑州、杭州、深圳等地区都出现了大量跨境电商O2O门店，甚至长沙、武汉、北京等非保税进口跨境电商试点城市也涌现了不少跨境电商O2O门店，这些都是在2015年发生的事情。因此，业界一致把2015年称作进口跨境电商O2O元年。

●跨境O2O模式的合法化

美悦优选模式推出后引发了巨大的关注和争议，人们对于跨境电商保税线下店以及跨境O2O模式的合法性颇多微词。2015年6月初，财政部、海关总署、国家税务总局联合对外公布了广东、天津和福建自由贸易试验区有关进口税收政策。该政策明确，在严格执行货物进出口税收政策前提下，允许在这三个自贸试验区海关特殊监管区域内设立保税展示交易平台。

政策的改动推动了进口电商的新热潮，在这个热潮中，有许多企业采取跨境O2O模式，成为了跨境O2O模式合法化后的积极实践者。

2015年10月19日—11月11日，华润万家为促进线下和线上业务紧密协作，探索华润万家全渠道经营模式，开展了"华润万家O2O百团大战"项目。此项目是在华润万家119家线下门店进行跨境商品展示，现场下单的线上线下协作销售方式。展示样品包括来自欧美、日本、韩国、澳大利亚等多个国家的美妆个护、母婴用品和保健食品等众多海外商品。华润万家倾心为顾客打造"家门口的自贸区",通过线上线下合作模式,全渠道经营能力开始展现。

2015年12月18日,保税优选跨境O2O的线下板块万家社区服务型体验店——广州旗舰店在广州海珠区工业大道南的乐峰购物广场正式开业,同时宣布,保税优选跨境O2O项目正式全面启动。保税优选的O2O营运模式是最具开创性和实践性的融合式O2O:"线上以B2C+精品C2C销售模式为主,线下规划建设近万家实体加盟店,通过线上和线下的充分融合互通互动,既发挥线下体验的优势,又充分使用线上便捷支付和聚客的功能,构建流畅的O2O消费生态圈,实现线上线下的分享式体验性互动购物。保税优选作为跨境电商的先行者,在其跨境O2O模式线上平台正式运营四个月以来,已经积累了超过50万的客户。

实际上,跨境进口O2O发展至今,已经有越来越多的人参与进来,有单纯的跨境O2O体验店(比如杭州下沙跨境O2O体验中心/B区),有打着跨境进口名号的一般贸易进口模式,也有跨境进口商品和一般贸易结合的跨境O2O模式(这是目前比较流行),也有水货和以上几种掺杂的跨境O2O模式。

领先的企业还是在不断地尝试与摸索,研究出各种创新的跨境电商O2O模式,比如,作为"中国第一展"广交会的唯一电商平台,2012年组建的广交会电商在经过几年的"摸爬滚打"以后,逐渐摸索形成了"通过O2O模式构建跨境贸易B2B数据信息服务平台"的发展之路。广交会电商公司推出的"广交会+电商O2O",将展会的线下资源和电商的线上平台直接勾兑,真正实现了跨境O2O。此外,洋码头、聚美优品、天猫国际、携程网、顺丰等也在O2O领域进行了探索,推出了"线上下单、机场提货""前展后仓""繁华处体验店""打造小商圈"等O2O模式。

第四章

中小企业出口跨境电商平台模式分析

　　跨境电子商务平台的出现给中小企业解决了出口贸易问题，为了帮助中小企业利用好第三方平台做跨境电商运营，本章选取阿里巴巴、敦煌网、米兰网进行比较，对传统跨境大宗交易平台模式、综合类跨境小宗交易平台模式、垂直类跨境小宗交易平台模式以及专业第三方跨境服务模式的代表进行分析。还讨论了跨境电商平台的选择、不同市场的产品定位、产品关键词的选择、根据平台制定物流线这几个议题。

1.三大跨境电商平台模式海外市场的分布

目前,国内三大跨境电商平台当属阿里巴巴国际平台、敦煌网跨境服务云平台和米兰网垂直类 B2C 平台。下面我们来看看这三大跨境电商平台在海外市场的分布情况,以便中小企业根据自己的特点做出相应的选择。

●阿里巴巴国际平台

在国内所有跨境电商平台中,就数阿里巴巴国际平台最大,它的海外市场也最为广阔,基本上说有跨境电商的地方,就有大宗 B2B 模式。

在阿里巴巴国际跨境电商平台上,全世界用户有 4600 万,这当中包括中小企业用户 420 多万,分布在全球有经济影响力的国家及地区。通过阿里巴巴跨境电商平台交易,它的总交易额度占 40% 以上的全国份额,达到了第一的位置。它作为一个 B2B 国际平台进行跨境大宗交易,有 90 万个中小企业已在其注册营业,大多数都来在国内。

●敦煌网跨境服务云平台

2017 年 3 月 31 日,敦煌网推出的跨境服务云平台,全面整合了关务系统、国际物流系统、支付服务系统以及金融服务系统等四大功能模块,提供一站式可视化的全流程外贸综合服务,成为国内首家与中国国际贸易单一窗口直连的跨境电商服务平台。

敦煌网大贸服务一体化平台解决了传统大贸业务模式下，因物流、通关、支付、金融等环节上的低效率、延误或信息不对称甚至沟通出错所导致的企业产品无法按时按需到达海外客户全球仓库或门店的问题，同时帮助外贸企业实现了与客户、工厂、外贸代理、货运代理、报关行、海关等单位数据无缝对接，做到信息和数据"一个源头，多环节使用"，促成了供应链上下游的全程协同和信息共享，极大地提高了效率，为客户节省了成本和时间。举例来说，敦煌网的在线关务平台仅用 7 分钟就能够实现外贸企业从报关到放行的全通关过程。该订单企业工厂所在地为无锡，货物出口口岸在上海，申报地在北京，审单在天津，通过敦煌网的通关一体化全程协同解决方案，实现了货物通关效率方面质的飞跃。

在敦煌网登记注册的世界范围的用户达到了 550 万家，只有 18% 的用户属于国内商家，可见海外用户的数量如此之多，他们分布于世界各地，来自世界的大多数国家和地区。从 2015 年的跨境电商统计数据看敦煌网的市场分布情况，总交易额的将近一半由北美洲第二大国家加拿大买走，紧随其后的大不列颠王国不到美国份额的 1/3，其他国家和地区的份额就相对比较集中了。主要业务为小宗的跨境 B2B 和 B2C 是敦煌网的特色，市场规模出现了井喷式的发展，成为了跨境电商市场上不可忽视的力量。

●米兰网垂直类 B2C 平台

米兰网作为垂直类跨境小宗 B2C 平台模式的代表，它是国内一流的服饰外贸 B2C 运营商。公司可以覆盖全球 180 多个国家和地区，产品配送至全球 170 个国家和地区。米兰网日均访问量逾 10 万，日均在线活跃客户数在 1 万以上。

米兰网垂直类 B2C 平台着重围绕婚纱礼服、扮演、性感、时尚、家庭来重点打造场景文化，通过差异化的产品与用户体验向客户传播"穿得与

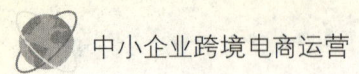

众不同"的思想。它通过与供应商洽谈并拥有独立的供货渠道，然后在自己的跨境电商平台里完成交易。而入驻米兰网的中小企业则是根据自身需要在平台上选择商品，在自己的子网页里销售，订单完成以后由米兰网负责发货。

  最后要说明的是：跨境电商与传统贸易以及电子商务具有相当的不同之处，它的主要用户在海外而不是在国内，这就决定了市场在国外，消费群体的类型也不尽相同，因此根据主要市场的不同，不同跨境电商平台模式海外的模式也不相同。通过以上三大跨境电商平台模式在海外购物市场情况的分析，中小企业要选择和自己相适应的电商平台。这是因为，不同平台对应不同的市场，主要可以分为两种。第一种是根据不同的客户对应跨境电商平台，分为大型采购商、小型采购商以及终端消费者，根据不同区域的经济发展水平以及电商不同，各地的跨境电商购买形式也不会相似，这是不同市场对应不同跨境电商模式的主要原因。第二种是跨境电商平台本身也经营多种业务，当它们之间有交集业务时，资金和规模以及知名度较小的一方与知名竞争对手进行竞争时，最好采用细分市场的方法，把知名跨境电商还没有从事或者市场开发还刚开始的目标市场作为自己的战略，投入资金到市场中，效果会比较好。

2.传统跨境大宗交易平台模式

传统跨境大宗交易平台模式,简单地说,就是 B2B 平台模式,主要是指企业规模比较大,它可以为在平台上注册的用户提供销售便利,传递供需双方的商品或者服务信息。这类跨境电商主要以大宗交易模式为主,无论是企业还是买家都要求有一定的实力。对于企业来说,主要通过网站展示企业形象、发布相关产品信息,一般是线上订单,线下交易居多。

● B2B 平台模式简介

传统跨境大宗交易平台模式是指服务于中国进出口贸易的线上规模以及 B2B 电子商务模式。B2B 模式的特征表现为:品牌知名度广、行业覆盖面广。但也存在"大而全、泛而不精"的天然缺陷,网站的编辑、运营与服务人员缺乏对各行业的深入了解,导致无法提供专业化的 B2B 产品与服务。

传统跨境大宗交易平台为境内外会员商户提供了网络营销平台,传递供应商或采购商等合作伙伴的商品或服务信息,并最终帮助双方完成交易。传统跨境大宗交易平台通常覆盖互联网、线下展会、纸质出版物等多种渠道,参与者包含卖家、买家和 B2B 服务提供商。其中,卖家是指在交易过程中生产和出售产品或服务并由此获利的企业,它们通过 B2B 服务平台获取相应的买家信息,并将自身的信息传递给买家;买家是指在交易过程中,因自身需求购入产品或服务的企业,它们通过 B2B 服务平台获取相应的买方信息,并将自身的信息传递给卖方;B2B 服务提供商是指连接产品或服务卖家和买家的纽带。

● **B2B 模式分析——以中国制造网和环球资源为例**

中国制造网和环球资源网站主要依靠企业会员获得利润。下面我们来看看这两个网站的 B2B 模式。

中国制造网专注服务于中国中小企业全球贸易领域,在国际营销、产品推广方面有着一定的优势,属典型的综合性外贸 B2B 平台。其交易模式是:企业经过注册后,中国供应商选择好所需的服务后在该平台上发布产品信息与需求信息;如买卖双方未达成一致,则各自继续寻求理想的伙伴;如买卖双方彼此有意向,则发送询盘或利用其他方式联系;达成一致的则详细讨论合作条款乃至签订商务合同,然后卖家发货,买家付款收货,直至最后交易完成。该平台提供的是一个"金字塔"结构的服务模式:最底层的是占其收入来源最大比例的金牌会员服务;位于中间层的提供增值服务,包括搜索排名服务、产品展台、横幅推广服务;处于金字塔尖的是认证供应商服务,此服务能一定程度上降低第三方 B2B 交易信用风险,但并非是彻底解决此风险的唯一渠道。因此,从该企业公开披露的付费企业加入暂时有限。

环球资源是一家多渠道的 B2B 媒体公司,核心业务是通过一系列的英文媒体,包括环球资源网站、印刷及电子杂志、采购资讯报告、"买家专场采购会"及贸易展览会,促进亚洲各国的出口贸易。环球资源也通过一系列中文媒体协助海内外企业在大中华地区行销,当中包括网站、印刷及电子杂志、研讨会及贸易展览会。环球资源主要是通过面向国内及国外的供应商收取推广费用来盈利，推广媒介包括旗下的网站、杂志（印刷杂志及电子杂志）、展会（实体展会与线上展会），另外，营收中还包括面向海外买家的付费发行杂志所带来的收入。

中小企业选对了平台基本上可以达到事半功倍的效果，当然这主要取决于 B2B 网站权重和用户的认可度。从这个意义上来说，中国制造网和环球资源两个网站是中小企业做跨境电商可以考虑选择的。

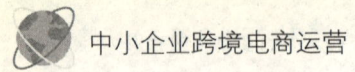

3.综合类跨境小额批发零售平台模式

综合类跨境小额批发零售平台模式，主要模式是 CBEC 模式。这类模式为国内外个体、企业用户提供了网络营销的平台。采购方和供应方的产品及服务的信息能够被有效传递，而平台则从中收取会员费和推广费来盈利。从实际意义上来讲，综合门户类跨境小额批发零售平台模式就如同传统小额国际贸易附上了网络电子模式。

● 市场定位

速卖通、易唐网等是这类 CBEC 模式的典范，它们通常瞄准跨境电子商务中的中小市场，面向中小企业或者个人提供服务。目标客户为欧美中小型采购商（大多是些零售商和小批发商，主打外贸生意）以及中国众多的中小型供应商。这些客户一般不愿意负担"搜索竞价排名"之类的费用，不愿意被中间商"剥削"，采购额小，从几十美元到几千美元不等，货品周转很快，每月甚至每周都要进货。

● 物流模式

小额跨境电商订单主要采用国际小包邮递和国际快递的方式，但这两种方式都有它们的缺陷，包括周期长、投妥率低的问题，于是出现了"在线发货"这一全新的物流服务。在线发货是一种比较理想的物流服务方式，相比传统的快递上门取货后再配送的模式要快捷高效不少,低价且用户体验更好。通过线上申请、线下发货的方式,简化了发货流程,为外贸商家提供更为便捷的快递服务。

在线发货分为两种运输方式:仓库发货和国际 e 邮宝。仓库发货能够使卖家享受低廉的物流折扣,卖家将货品发往指定仓库,在线支付物流费用后,仓库将统一调配,集中发货。仓库发货由于采用集中发货的方式,整体效率更高,妥投时间在 5—7 天,实时网络跟踪,操作简便,让买卖双方在享受高品质物流服务的同时,大大地降低了物流成本。国际 e 邮宝是中国邮政速递物流股份有限公司为适应国际电子商务寄递市场的需要推出的经济型速递产品。价格低廉,妥投周期短,全程可跟踪信息,可由邮政人员上门取件。

● 支付方式

综合门户类跨境小额批发零售平台大多与 Paypal、Global Collect 等合作,与这些国际上知名的第三方支付平台建立战略合作伙伴关系是其支付模式中最重要的一部分。

在交易中,购买方先付款到第三方支付平台中,待收到商品并验收后,通知平台将货款转入卖方。(可参考在淘宝上购物用支付宝付款。)这种方式能在很大程度上保障交易的安全。另外,基于专业化分工的整合能大幅降低交易双方的成本,例如在敦煌网上使用 Paypal 只需支付 2% 左右的费用,而通常情况下为 8%,这是平台所具有的议价能力带来的优势。

● 盈利模式

综合门户类跨境小额批发零售平台模式的核心优势还在于它的一站式

交易服务，获取大量的用户数据基础。这类平台会由专业团队制定相关的策略，包括商品的发布、支付与物流模式等，通过积累起来的经验和长期合作的结果帮助客户完成交易，并保障交易过程的安全稳定、便捷高效。

有些 CBEC 平台采用动态佣金模式，意为按照交易金额数量支付佣金。在交易过程中，平台在卖家报价的基础上，自动加入一定比例的佣金，以最终价的形式呈现给买家。加佣金后的报价，由买家支付，而与卖家无关。这种动态佣金模式在一定程度上增加了买家的负担，但消除了高额年费的障碍，降低了买家的交易门槛，使得他们愿意为达成交易而支付少量的佣金。同时，与通过经销商渠道进货相比，在线外贸提供了更多的产品选择，报价也更为低廉，即便支付了佣金，买家在整体上仍然较为划算。而对于一些有出色订单能力和价格优势的卖方来说，平台可以根据高档次服务收取一定的增值服务费，以更好地促成这些供应商的交易。

4.垂直类跨境小额交易零售平台模式

垂直类跨境小额交易零售平台模式，主营模式是独立 B2C。"垂直"指的是各方统一的体系，在电商领域，则是生产商、批发商、零售商合而为一在同一商业渠道中的模式。简单来说，如果一个电商网站整合了一种产品的不同生产、批发、零售部门，同时直接面对客户，那么这样的网站就是垂直类的，它对于批发商来说是生产商，对零售商来说是批发商，对客户来说是零售商，但从整体来看，它就是一个体系、一个个体。因此这类垂直类跨境小额批发零售平台自己就代表了货源，它们会联系国内外的供应商，在此基础上建立起含有支付、物流等体系的 B2C 平台，然后将其产品销往国外，获得销售收入。

● 供应链模式

垂直类小额跨境平台因为大大缩短了供应链，拥有很强的成本优势，因而可以在定低价的同时获取高利润。这条供应链向上可以绕过各种中间贸易商，达到大多数产品直接从工厂拿货的目的，节约大量的进货费；向下可以通过跨境平台直接将产品销往境外的终端客户，将利润从进口商、经销商等剥离开，纳入囊中。

在供应链模式下，企业会在国内设置多个采购处，寻找越来越多的优质供应商，要求供应商有一定的生产能力，能捕捉到境外消费趋势，同时避免知识产权的警戒线（考虑到"山寨模式"）。

● **库存风控方式**

垂直类 B2C 电商因为与供应商直接达成了供销货协议，可以要求提前备货，将货放入自己的仓库里，但不计入库存，下单后才转入营收和成本，这可以提高订单处理效率，降低库存风险。

电商企业可以依据对产品热度的调查，对部分受欢迎的产品加大备货量，对境外消费者反应冷淡的产品减少库存甚至零库存。而在整个备货流程中，电商企业只有支付物流开支和提供仓库两项任务。

● **专业服务**

在独立 B2C 模式下，电商网站的产品不会过于纷繁杂乱，它们会以较少的产品、更专业的服务进入市场。许多这类独立 B2C 网站都有它们的前身，往往在某一行业中具有一定声誉，或者拥有专业资深团队为其量身打造，使其具备专业性。

首先，较少的产品线有助于市场细分，有利于服务专业化。例如，有消费者意欲购买一件产品，会自然而然地询问关于该产品的各项参数，如果某电商专业做该产品，那么其客服也会对产品有较深的认识，能够详细地解答消费者的各种问题，使消费者产生信任感，成交概率大大提升。其次，独立 B2C 网站一般拥有统一且固定的物流管理体系，比综合平台类网站要更为快速便捷，那么境外消费者对于物流的抱怨会明显减少。再者，垂直类模式电商特别注重顾客的评价体系，保证售前售后的良好服务，构建一个完整的评价体系，关注用户评论，增加互动性。通常以用户为主，一方面有助于网站更新建设，商家随时进行自身检验，另一方面也有助于带给其他顾客直观感受、真实意见。总之，独立 B2C 模式在很大程度上提供给了境外消费者一站式购物的出色体验。

● **消费者忠诚度的培养**

消费者忠诚度表现在消费者进行消费行为时的持续性，表现出对某商家、某产品的认可与信任，将长期地、不定时地购买同一厂商的产品或服务，并且，在其他厂商发布同类产品且有比较优势的情况下，也不会轻易转变购买意向。

但需要引起重视的是，顾客现在表现出满意并不能代表其今后一直忠诚于你。市场营销学中提到，满足需求并保证顾客满意就能营造顾客的忠诚度，但"满意的客户就是忠实的客户，这只是一个神话"。美国某一管理顾问公司的研究表明：40% 对产品和服务完全满意的客户也会因种种原因投向竞争对手的怀抱。另外，研究调查表明，许多客户满意度比较高的企业其客户忠诚度并不高。因为客户的满意度和忠诚度存在着极大的区别：满意度衡量的是客户的期望和感受，而忠诚度反映了客户未来的购买行动和购买承诺。垂直购物网站构建的客户满意度调查可以直接反映客户对过去购买经历的意见和想法，只能反映过去的行为，不能作为未来行为的可靠预测。而忠诚度建设却可以预测客户最想买什么产品，什么时候买，这些购买可以产生多少销售收入。

5.专业第三方跨境服务平台模式

所谓专业第三方跨境服务平台模式,泛指独立于产品或服务的提供者和需求者,通过网络服务平台,按照特定的交易与服务规范,为买卖双方提供服务,服务内容可以包括但不限于"供求信息发布与搜索、交易的确立、支付、物流"。

● 第三方跨境电商平台简介

第三方跨境电商平台主要有:eBay、速卖通、亚马逊、Wish等平台(见表4—1),这几个平台适合个人、中小型企业入住,条件不多,申请账户即可。

表4—1 第三方跨境电商平台简介

平台	模式简析
eBay	eBay的中文翻译为电子湾、亿贝、易贝,是一个可让全球民众上网买卖物品的线上拍卖及购物网站。1995年9月,成立于美国加州圣荷西,是全球商务与支付行业的领先者,为不同规模的商家提供公平竞争与发展的机会。eBay在线交易平台在全球范围内拥有1.2亿活跃用户及4亿多件由个人或商家刊登的商品,其中以全新的"一口价"商品为主。eBay提供个性化购物体验,并通过移动应用程序实现消费者与全球商品的无缝链接。PayPal在全球范围内拥有超过1.32亿活跃用户,服务遍及全球193个国家及地区,共支持26种货币付款交易。通过PayPal提供的跨地区、跨币种和跨语言的支付服务,用户可以在全球范围内开展电子商务,日处理交易量达到760万笔

第四章 中小企业出口跨境电商平台模式分析

续表

平 台	模式简析
速卖通	这是阿里巴巴帮助中小企业接触终端批发零售商，小批量多批次快速销售，拓展利润空间而全力打造的融合订单、支付、物流于一体的外贸在线交易平台。速卖通目前主要以俄罗斯市场为主，开店条件简单易操作，适合新人、个体经营
亚马逊	亚马逊公司是一家财富500强公司，总部位于美国华盛顿州的西雅图。它创立于1995年，目前已成为全球商品品种最多的网上零售商和全球第三大互联网公司，公司名下包括了AlexaInternet、a9、lab126和互联网电影数据库等子公司。亚马逊及其他销售商为客户提供数百万种独特的全新、翻新及二手商品，如图书、影视、音乐和游戏、数码下载、电子和电脑、家居园艺用品、玩具、婴幼儿用品、食品、服饰、鞋类和珠宝、健康和个人护理用品、体育及户外用品、玩具、汽车及工业产品等
Wish	Wish商户平台是移动端交易平台，该平台的主要市场是欧美地区客户，在Wish平台上主要又以女性为主，大约占了80%，年龄处于18岁至30岁之间，因此卖家可以根据平台客户群体适当选择一些这个年龄段女性所需的产品

以上是目前跨境电商平台的几个代表平台，随着市场的发展，还有一些新兴的平台企业，比如 lazada、环球易购等。不断快速发展的跨境外贸也在不断变化，从产品、支付、物流、平台等，只要抓住机遇，就能在跨境电商中分得一杯羹。

●创新的第三方服务平台模式

从目前的市场来看，已经有些企业敏锐地抓住了跨境电商机遇。我们看到在直接销售平台之外，已经有了第三方服务性质的平台尝试着不一样的跨境电商模式。

深圳有棵树科技有限公司具有完善的供销体系，该公司依赖自身的海豚供应链体系跨境电商进口方向的B2B2C模式，深耕海外供应链体系，形成了国内进口电商卖家仓库，由卖家采购后再到天猫国际、京东、考拉等进口电商平台销售，扮演着一个大后方的角色。而其旗下的维康氏免税店是有棵树刚刚上线的针对 C 端消费者的跨境电商进口 O2O 平台。维康氏的商业模式是通过在保税区开设聚焦母婴及精选海淘产品的保税店，以及在内地城市人流量大的地方开设连锁体验店的方式，打通线上线下的 O2O 商业模式，能够有效地拓宽销售渠道。在其双线配合下，形成了较为健康和完善的供销循环模式。

除了深圳这家公司这种大后方的服务模式外，也有另辟蹊径做得很好的公司。

京东原高管那昕出任国内最大消费决策平台"什么值得买"CEO 的消息一时走红网络，然而伴随着这个消息一起走红的还有"什么值得买"提出的"消费门户"战略。其战略在于向海内外用户提供消费领域综合性信息资源，涵盖导购、媒体、工具、社区的完整功能。"其模式与其说是服务消费者，不如说是以服务消费者为手段，服务各大平台为盈利的模式。"蒋老师说。"什么值得买"在为消费者推荐并提供海量产品推荐介绍和资讯的同时，以"直达链接"的方式直接将消费者引导入平台产品的链接，算是另类帮助平台销售产品。也正是如此，"什么值得买"其实就是一个平台资源的整合。

区别于直接服务其他平台，顺丰海购丰运借助的是"顺丰"本身的渠道优势。

为助力日本线上线，顺丰海购丰运推出了日淘免费运和七月半五折活动，正式标志着顺丰向打造一站式海外服务跨出了重要的一步。虽然目前海购丰运还只是服务于顺丰海购本身，但以顺丰自身多年的物流经验，其发展未必会慢于顺丰海购本身，在未来可能会走向全面物流服务，不仅服务于自身的平台，也为其他大型海购平台服务。

跨境电商的火热，必将带来周边行业的兴起。目前已经有这些企业敏锐地嗅到商机了，相信再过不久，多元化的跨境电商产业链将会形成。

6.主流出口跨境电商平台特色分析

中小企业在应用跨境电商平台的过程中,充分了解平台的特点,是实现产品与平台有效对接的一项重要工作。下面就几个主流出口跨境电商平台的特色进行分析。

●速卖通:适合新手入门

速卖通作为阿里巴巴未来国际化的重要战略产品,已成为全球最活跃的跨境电商平台之一,并依靠阿里巴巴庞大的会员基础,成为目前全球产品品类最丰富的平台之一。

速卖通的特点是价格比较敏感,低价策略比较明显,这也跟阿里巴巴导入淘宝卖家客户策略有关,很多人现在做速卖通的策略就类似于前几年的淘宝店铺。但对产品品牌的培养,打假意识的增强,则是明显的进步和发展。

速卖通的侧重点在新兴市场,特别是俄罗斯和巴西。对于俄罗斯市场,截至2015年年底,每月登录全球速卖通服务器近1600万人次,现在的注册更加火爆。

速卖通是阿里系列的平台产品,整个页面操作中英文版简单整洁,适合初级卖家上手。另外,阿里巴巴一直有非常好的社区和客户培训体系,可以快速入门。

总的来说，速卖通适合初级卖家，尤其是其产品特点符合新兴市场的卖家，产品有供应链优势，寻求价格优势的卖家，最好是供应商直接拿货销售。

●亚马逊：注重产品为王

作为全球电子商务的鼻祖，亚马逊对于整个世界的影响力是巨大的。中国外贸最先接触到的出口跨境电商平台也是亚马逊，其主要市场在美国和加拿大。

亚马逊对卖家的要求比较高，比如产品品质、品牌等方面的要求，手续也比速卖通复杂。对于成熟的亚马逊卖家，最好先注册一家美国公司或者找一家美国代理公司，然后申请联邦税号。

新手卖家做亚马逊应注意以下几点。第一，选择做亚马逊，最好有比较好的供应商合作资源。供应商品质需要非常稳定，最好有很强的研发能力。切记，做亚马逊，产品为王。第二，接受专业培训，了解开店政策和知识。亚马逊的开店手续比较复杂，并且有非常严格的审核制度，如果违规或者不了解规则，不仅会有封店铺的风险，甚至会有法律上的风险。第三，需要有一台电脑专门登陆亚马逊账号。这对于亚马逊的店铺政策和运营后期都非常重要。一台电脑只能登陆一个账号，不然会跟规则有冲突，用座机验证新用户注册最好。第四，做亚马逊需要一张美国的银行卡。亚马逊店铺产生的销售额是全部保存在亚马逊自身的账户系统中的，要想把钱提出来，必须要有美国本土银行卡。第五，亚马逊店铺，流量是关键。亚马逊流量主要分内部流量和外部流量两类，类似于国内的淘宝。同时，应注重SNS社区的营销，通过软文等营销方式也比较有效果。

总的来说，选择亚马逊平台需要有很好的外贸基础和资源，包括稳定可靠的供应商资源、美国本土人脉资源等。卖家最好有一定的资金实力，并且有长期投入的心态。

● eBay：成功重在选品

对于 eBay 的理解，基本上可以等同于国内的淘宝。对于从事国际零售的外贸人电商代运营来说，eBay 的潜力还是巨大的，因为 eBay 的核心市场在美国和欧洲，是比较成熟的市场。

相对于亚马逊，eBay 的开店手续不是特别麻烦。不过，eBay 有一个很需要重视的问题：规则严重偏向于买家。如果产品售后问题严重，很容易出现问题。

做 eBay 最核心的问题应该是付款方式的选择。大家选择的一般都是 PayPal，但也有一定的风险，特别对于 eBay 来说。经常有这样的实际案例，遇到买卖争议时，eBay 最终是偏向买家，导致卖家损失惨重。

eBay 成功的关键是选品，其主要市场在美国和欧洲。所以，做 eBay 前最好做个市场调研，对欧美市场的文化、人口、消费习惯、消费水平等方面进行研究，从而选择潜力产品，找一些 eBay 的热销产品。

eBay 平台的特点是：第一，eBay 的开店门槛比较低，但是需要的东西和手续比较多，比如发票、银行账单等，所以你需要对 eBay 的规则非常清楚；第二，eBay 开店是免费的，但上架一个产品需要收钱，这跟国内的淘宝还是有很大区别；第三，eBay 的审核周期很长，一开始不能超过 10 个产品，而且只能拍卖，需要积累信誉才能越卖越多，出业绩和出单周期比较长；第四，遇到投诉是最麻烦的事情，店铺封掉是经常有的事情，所以质量一定要过关。

总的来说，对于 eBay 的选择，应该有产品的地区优势，比如产品目标市场在欧洲和美国。eBay 操作比较简单，投入不大，适合有一定外贸资源的人做。

● Wish：唯一的移动端平台

Wish 是新兴的基于 APP 的跨境电商平台，主要靠价廉物美吸引客户，在美国市场有非常高的人气，核心品类包括服装、饰品、手机、礼品等，大部分都是从中国发货。

Wish 平台 97% 的订单量来自移动端，APP 日均下载量稳定在 10 万，峰值时冲到 20 万。就目前的移动互联网优势来看，Wish 未来的潜力是非常巨大的。

Wish 平台的特点是：第一，私人定制模式下的销售。Wish 利用智能推送技术，为 APP 客户推送他们喜欢的产品，真正做到点对点的推送。Wish 有一个优点是它一次显示的产品数量比较少，通过这样的精准营销，卖家短期内可以获得销售额的爆增。第二，移动电商未来真正的王者。其实，Wish 最初仅仅是一个收集和管理商品的工具，后来才发展成一个交易平台，并越来越火爆。对中小零售商来说，Wish 的成功让大家明白移动互联网的真正潜力。

总的来说，做 Wish 必须打造精品店铺，产品做到少而精，才能在 Wish 赚到钱。因为现在 Wish 已经过了大量铺货的时代了，之前 1+1 的套路现在使用会比较难。

初级卖家在选择平台时应该注意的是：初级卖家往往有这样一个简单的想法，认为只要在主流的跨境电商平台全部开店，机会最大，收益也会最大。其实，专注永远比广撒网更有效率，因为初级卖家的经验、资源、精力很有限。对于资源有限的卖家或者初级卖家来说，选择合适的平台入驻是首要的事。

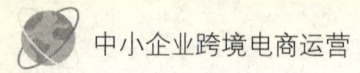

7.根据不同市场进行产品定位

很多中小企业会尝试去做跨境电商,但是跨境电商毕竟不同于传统电商,产品分析很重要。不同的行业适合不同的市场,中小企业在选择市场之前,需要对自己的产品有一定的分析了解,看看自己更适合哪个市场,以免因选错市场而错失进入跨境市场的良机。

●跨境电商不同市场下的产品定位

传统企业或是一般电商想要通过跨境电商将产品销往海外,首先要解决的就是定位问题。这是因为即使是同一件产品在不同的国家、不同的市场都有着各自不同的受众群体,因此需要不同的包装和概念,也就是所谓的市场定位。简单来说,也就是确定你能提供什么产品来满足市场中客户群体的特定需求。

以欧美市场为例,作为经济发展位列前茅的地区,欧美无疑是外贸市场的一块必争之地,但这并不意味着任何产品都适合出口欧美国家。根据资料显示,近几年,欧美进口呈现持续增长的类目大致有家具、服装、石材、食品等,从中我们不难发现,生活类用品是欧美进口产品的主要组成部分。

以灯具为例,我们应该考虑到以欧美为主要的竞争市场,并提出有针对性的竞争优势,如德国、美国这些重要的汽车生产国,便将产品的重心放在 HID 和 LED 汽车光源上。而法国、英国等更具人文艺术气质的国家,装饰灯则具有更大的销售空间。

总而言之，市场定位看似简单，实则需要经过缜密的调查和研究手段，才能得出系统、专业的结论，而准确的市场定位也是跨境网商之路的重要起点，不仅可以起到事半功倍的运营效果，也可以让你跳过最初的摸索阶段，少走许多弯路。

●国外市场调研和产品定位方式

很多卖家加入跨境电商这个行业时开始是茫然的，不知道什么样的产品适合，不知道哪个市场可以发展。市场定位最重要的就是满足需求，但由于中国卖家身处国内，对海外市场和海外消费者需求的了解无法和国内相提并论。卖家想要做好定位，就需要去做一些前期的调研，在不断的积累中，培养对买家需求的敏感度。

在对国外市场调研阶段，卖家要关注市场国总体物价水平和销售产品所属行业的价格水平。终端零售价格非常重要，只有了解了终端零售价格，才有可能清楚海外消费者处于怎样的购物环境中，最终才能更好地给产品定价。而地域、文化等因素的差别，海外消费者的购物喜好与国内消费者相比，也会有差异存在。所以，在调研过程中，卖家还要了解海外消费者的喜好。

目前速卖通的主要市场国有俄罗斯、巴西、美国、西班牙、法国等国家。卖家可以多和这些国家的朋友交流，进行市场调研。有调研发现，俄罗斯轻工产品价格是中国的3倍，巴西吃穿相当于中国的2—3倍，美国整体物价相对于工资水平来说相对较低，但是也有一部分商品价格很高。美国普通数码周边产品和婚纱产品与我国有较大差别。在美国，一些个性化商品的价格很高，卖家在选品时可以考虑。

卖家通过国外消费者的购买需求，进行定位。看看自身产品是否具有独特的产品功能和款式、是否拥有价格优势、质量是否拥有绝对的保证、是否是国外消费者了解的品牌等。

调研海外市场可以通过以下途径,如表4—2所示。

表4—2　海外市场调研途径

序号	内　容
1	可以去国外考察。可以去欧美国家,注意不要去亚洲国家,亚洲国家的习惯和文化背景与我国是相似的,而且卖家的主要市场国大部分偏欧美,俄罗斯消费者的喜好和欧美也是相似的
2	多和外国人沟通。最简单的方法就是问问在中国的外国朋友,他们网购一般都买什么,这对我们选品有提示作用
3	看国外的零售网站
4	看看卖家产品在国外类似品牌官方旗舰店的价格等是怎样的,可以去模仿和超越
5	看国外电影、美剧,去了解国外消费者的生活习惯及日常涉及的生活用品,等等
6	看买家频道,分析销量高的商品的特点和共性。卖家有时会忽略这点,其实看买家频道,就是为了了解买家需求,站在消费者的角度思考分析
7	数据分析

目前,国内竞争相当激烈,价格战、同质化严重。卖家在选品时要尽量规避这些问题,可以通过细分市场,找寻合理定位。细分市场可以从产品出发,分成中、高、低端细分市场;也可以做品类专业化,从消费者年龄层、性别等条件进行具体划分;还可以从风格差异化入手,拥有自己的风格,让人轻易记住。

找寻自己的定位,具体可以分为三步,如表4—3所示。

表4—3 产品定位的三个步骤

序号	内　容
1	前期调研,从细分市场切入,选品、店铺装修尽量统一,给人专业的印象
2	市场时间的检验,设置一段时间让市场检验产品,看产品是否符合市场需求,可以通过曝光数据、销量、评价等判断
3	在经过检验后,选出明星产品优化发展,调整市场定位

另外,在定位产品时,卖家可以想想自己的品牌、店铺、商品的记忆点是什么,而不是千篇一律地卖同质化产品。找对了方向和市场定位,就可以增加产品的附加值,提高客单价。

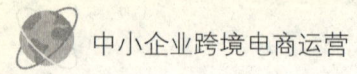

8.产品关键词的选择

由于国内的淘宝关键词已经形成了一定的模式,所以许多商家在进行跨境关键词设置时,就先入为主地将适用于国内电商的关键词直接翻译之后加以使用,这种方法一开始就是错误的。要知道,虽然同样是使用英语,但是不同的国家语言使用习惯上其实存在着很大的差别,更不用说国内与国外之间的文化差异了。那么,如何做好跨境电商的关键词呢?

●根据公司产品确定英文关键词

因为每种产品的英文关键词往往会出现多种叫法,这就需要找出与产品关键词相关的不同地区的习惯性叫法,然后再根据主要关键词分析出海外买家可能通过哪些与其相关的长尾关键词进行搜索。具体到交易平台,阿里国际站未来的趋势就是标准化,涵盖产品信息标准化、产品橱窗做顶层规划设计、以关键词为导向覆盖行业关键词三个方面。这些都是提高产品发布评分的关键所在,要知道,阿里评分越高,产品信息就会更加靠前,也更利于关键词抓取。

关键词的设置还只是众多差异中的其中之一,虽然本质上都是电子商务,但在实际的操作中你就会发现,跨境电商与一般电商还是存在着很多的不同。而不同的行业情况也是不尽相同,这就需要在不断的摸索中积累经验,寻求突破。

● **用关键词获排名引流量**

高权重平台收录快，排名高，发布的帖子有些甚至达到秒杀的情况。在自己的官网还没有那么高权重的情况下，借助高权重的第三方平台来引流是推广人员常做的手段。尤其当你优化的关键词是冷门关键词时，你在这些高权重平台发布的帖子一旦被收录，通常都会获得很高的排名。

我们通过查询百度权重数据，可以发现有很多人在做长尾词的推广，比如"深圳好的装修公司有哪些"这个关键词，一些装修公司借助装修快车网的高权重获得了首页第一名。

如果我们选择一个具有购买需求的长尾词作为帖子的标题，那么搜索这个长尾词的用户就会优先看到我们写的帖子，进而点击浏览。如果我们在帖子中加入了自己的联系方式（或公司网址），就能够起到引流的效果了。具体操作步骤如表4—4所示。

表4—4 用关键词获取排名引爆流量的步骤

序号	内容
1	寻找高权重第三方平台
2	确定你要做的产品的长尾关键词。为什么是长尾词？因为长尾词代表了这个产品一部分的刚性需求，而且比较容易优化上排名。比如"营销型网站一个要多少钱"，这就是长尾词，而且有购买需求
3	以长尾关键词作为标题发帖子。记住帖子内容也要紧跟标题走，不管你是原创的或伪原创的，还是直接转载别人的，都要紧紧围绕标题。还得在内容里把要优化的关键词自然地穿插进去至少3次，要根据内容而增加。一般是开头第一段加一次，中间加一次要优化的关键词，结尾的时候再重复一下关键词。还要注意命名标题的时候一定要站在用户角度上去考虑他会怎么搜索，然后你才怎么写，不要自以为是
4	多账号操作引导至QQ、网站、微信等

9.根据平台制定物流线

选择物流方式的要点是考虑不同的物流平台及其物流方式对快件采取不同的收费政策,货物的重量、体积、形态等因素也会对物流费用产生一定的影响。在明确了这些情况后,就要根据物流平台的规则来制定物流线。

● **跨境电商物流方式**

跨境物流一直是制约整个跨境电商行业发展的关键性因素。面对各种各样的物流方案、物流服务商,从业人员又该如何选择那个"适合自己的"呢?我们来看看目前市面上的五种主流跨境物流方式,如表4—5所示。

表4—5　目前五种主流跨境物流方式

物流方式	解　析	优势与劣势
邮政小包	据不完全统计,我国跨境电商出口业务70%的包裹都通过邮政系统投递,其中中国邮政占据了50%左右的份额,香港邮政、新加坡邮政等也是中国跨境电商卖家常用的物流方式	邮政网络基本覆盖全球,比其他任何物流渠道都要广。且由于邮政一般为国营,有国家税收补贴,因此价格非常便宜。劣势在于,一般以私人包裹方式出境,不便于海关统计,也无法享受正常的出口退税。同时,速度较慢,丢包率高

续表

物流方式	解 析	优势与劣势
国际快递	国际快递主要是指UPS、Fedex、DHL、TNT这四大巨头，其中UPS和Fedex总部位于美国，DHL总部位于德国，TNT总部位于荷兰。国际快递对信息的提供、收集与管理有很高的要求，以全球自建网络以及国际化信息系统为支撑	优势是速度快、服务好、丢包率低，尤其是发往欧美发达国家非常方便。比如，使用UPS从中国寄包裹送到美国，最快可以在48小时内到达，TNT发送欧洲一般3个工作日可到达。劣势是价格昂贵，且价格资费变化较大。一般跨境电商卖家只有在客户强烈要求时效性的情况下才会使用，且会向客户收取运费
专线物流	跨境专线物流一般是通过航空包舱方式将货物运输到国外，再通过合作公司进行目的地国国内的派送，是比较受欢迎的一种物流方式。目前业内使用最普遍的物流专线包括美国专线、欧洲专线、澳洲专线、俄罗斯专线等，也有不少物流公司推出了中东专线、南美专线。EMS的"国际E邮宝"、中环运的"俄邮宝"和"澳邮宝"、俄速通的Ruston中俄专线都属于跨境专线物流推出的特定产品	优势是，集中大批量货物发往目的地，通过规模效应降低成本，因此，价格比商业快递低，速度快于邮政小包，丢包率也比较低。劣势在于，相比邮政小包来说，运费成本还是高了不少，而且在国内的揽收范围相对有限，覆盖地区有待扩大
海外仓	所谓海外仓储服务，是指由网络外贸交易平台、物流服务商独立或共同为卖家在销售目标地提供的货品仓储、分拣、包装、派送的一站式控制与管理服务。卖家将货物存储到当地仓库，当买家有需求时，第一时间做出快速响应，及时进行货物的分拣、包装以及递送。整个流程包括头程运输、仓储管理和本地配送三个部分。目前，由于优点众多，海外仓成为了业内较为推崇的物流方式。比如eBay将海外仓作为宣传和推广的重点，联合万邑通推出Winit美国仓、英国仓、德国仓。出口易、递四方等物流服务商也大力建设海外仓储系统，不断地上线新产品	用传统外贸方式走货到仓，可以降低物流成本，相当于销售发生在本土，可提供灵活可靠的退换货方案，提高了海外客户的购买信心；发货周期缩短，发货速度加快，可降低跨境物流缺陷交易率；可以帮助卖家拓展销售品类，突破"大而重"的发展瓶颈。但不是任何产品都适合使用海外仓，库存周转快的热销单品容易压货。同时，对卖家在供应链管理、库存管控、动销管理等方面提出了更高的要求

续表

物流方式	解析	优势与劣势
国内快递的跨国业务	随着跨境电商火热程度的上升，国内快递也开始加快国际业务的布局，比如EMS、顺丰均在跨境物流方面下了工夫。由于依托着邮政渠道，EMS的国际业务相对成熟，可以直达全球60多个国家。顺丰也已开通了到美国、澳大利亚、韩国、日本、新加坡、马来西亚、泰国、越南等国家的快递服务，并启动了中国往俄罗斯的跨境B2C服务	优势是速度较快，费用低于四大国际快递巨头，EMS在中国境内的出关能力强。劣势是，由于并非专注跨境业务，相对缺乏经验，对市场的把控能力有待提高，覆盖的海外市场也比较有限

总的来说，市场上的物流产品无非是邮政小包、国际快递、专线物流、海外仓及国内快递的跨国业务。跨境电商需要从自己的实力和产品出发去选择。这五个物流产品线，都有各自的特点，但是一定需要组合使用才能达到事半功倍的效果。

● 根据平台制定物流线

因为每个平台对于电商卖家在物流服务上的要求不一样，而且你所做的品类以及你的战略和现阶段的实力，都会影响到物流布局。接下来对亚马逊、Wish、速卖通的物流做个简单介绍，如表4—6所示。

表4—6 亚马逊、Wish、速卖通的物流方式

平台	物流情况
亚马逊	亚马逊卖家一般自有品牌，一般产品重量在300—500克，那么这种类型的包裹也许就适合专线加海外仓解决方案。VAT（Value Added Tax，增值税）是亚马逊卖家在欧洲必须要走的路径，否则长时间下来，公司会长期存在运营风险

续表

平台	物流情况
Wish	如果你的产品轻、单量多、平均包裹重量轻、欧美订单集中，那么这种类型的客户就适合欧洲挂号或平邮小包，都需要尽快能够上网和妥投，因为Wish是会根据这些条件给店铺结算的
速卖通	单量多、平均包裹轻，俄罗斯和巴西等地的订单集中，那么这种类型的订单就适合走俄罗斯或者巴西邮政专线。当然现在也出现了一些俄罗斯的海外仓，这也是值得尝试的。速卖通中的卖家可以选择的物流主要包括邮政、商业快递、专线物流等。目前，商家选择的物流主要是邮政物流及专线物流

了解了跨境电商物流方式及平台物流特点，可以通过制定物流组合方案来对成本进行优化。也就是说，深入客户的业务并结合自己的物流渠道优势，才能打造有竞争力的产品。

第五章

基于自建平台的中小企业跨境电商运营

对于做跨境电商的中小企业来说,自建平台是一个不错的大胆的选择,但自建跨境电商平台的运营能否达到引新、留存、促活和消费转化的运营目的,还需要掌握一定的方法。为此,本章讨论四个关键性议题,即站外引流的有效方式、网站运营内容策略、多渠道找寻推广资源、提升访客转化率,以帮助中小企业在自建平台上实现有效的运营。

1.站外引流的有效方式

站外引流指的是通过搜索引擎、社交平台及第三方平台等来吸引流量。在互联网高度发达的今天，站外引流方式已经发展到"只有想不到，没有做不到"的地步了。站外引流可以增加转化率，提高搜索权重排名，提升商品评论。对中小企业而言，自建跨境电商平台之后，站外引流渠道拓展了，卖家将不再小心翼翼，没有后顾之忧，可以采用搜索引擎、社交平台、第三方平台、视频网站、Deal站（专业折扣促销网站）等多种方式引流；自建站还可以对流量进行过滤沉淀，让真正需要购买的用户去平台购物，在自己的平台甚至可以获得佣金，从而提升产品的转化率，提高产品的排名，增加销量。

● **搜索引擎引流方式**

常见的搜索引擎如谷歌付费搜索广告、谷歌网盟广告、Googleshopping、Bing、雅虎以及本地的搜索引擎等都是不错的选择。针对搜索引擎而言，关键词仍然是最为重要的。

以GoogleAdwords为例，搜索引擎谷歌的关键词竞价广告称为AdWords，也称为"赞助商链接"，中文俗称"Google右侧广告"。Google Adwords这个渠道因为操作简单，加上代理商们的推广，所以多数卖家都会去尝试。利用Google Adwords这个渠道的关键是要有品牌优势、产品差异化优势和资金优势，否则很难获得满意的效果。没有品牌优势，最后很容易沦为为他人做嫁衣；没有差异化优势，广告投放成本会过高；没有资金优势，很难坚持做深度投放测试，无法获取真实的数据。所以，入门的卖家要根据自己的产品，先做小规模的投放测试，获取第一手转化数据以后，再集中投放转化率较高的单品，不断地优化改进。

●社交平台引流方式

脸谱、推特、领英、品趣思（Pinterest，其中文含义是"品位、兴趣、思想"）都是不错的选择。脸谱是美国的一个在线社交网络服务网站。它的海外市场流量是跟谷歌并驾齐驱的，2017年8月的数据显示脸谱月活跃用户数量已经接近18亿，每天被发送出去的消息数量高达130亿条，移动端广告占比脸谱收入的80%，可见脸谱的流量大部分都是来自手机用户，如果你打算做脸谱广告，网站一定要支持手机端。推特是美国一个在线社交网络服务和微博服务的网站，推特月活跃用户4.10亿，每天发布超过5亿条微博。领英是美国一家职业社交网站，领英在200多个国家和地区拥有4亿多用户。品趣思是世界上最大的图片社交分享网站。品趣思允许用户创建和管理主题图片集合，例如事件、兴趣和爱好。

在社交平台上做引流，务必得先有一群你自己的粉丝和认同你的群体，聚集粉丝，建群也好，专页也罢，都是首先要把粉丝集聚起来。比如用展示产品、讲故事体验等方式吸引用户关注，进而把关注人群导流到平台店铺上。例如利用脸谱引流，英文需要过关，对于海外风土人情有一定的了解，并且具备互联网精神中分享和交流的心态。加入脸谱的社群，输入自己的关键词，有意想不到的客户开发效果。在社交网站上你一旦拥有粉丝，拥有运营方法，很多时候它不仅可以为你带来流量，还能给你带来巨大的收益。另外，社交平台引流要交广告费，更要有优化、分享、活动等等。

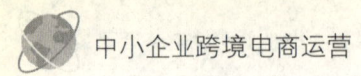

●第三方平台引流方式

目前比较重要的第三方平台,出口的有速卖通、eBay、Wish、阿里巴巴、亚马逊、中国制造网。相对来说,第三方平台的引流成本低一些,因此,前期可以充分利用第三方平台的流量渠道,快速拉动销售额。有了一定的用户积累后,通过客服引导、客户搜索关键词、发货带卡片等方式把流量沉淀到自建网站上。

以阿里巴巴为例,可以从以下几个方面入手去做,如表5—1所示。

表5—1 利用第三方平台阿里巴巴引流的方法

方法	操作要领
SEO优化	SEO优化(搜索引擎优化)是寻找精准流量的关键点,一定要注意"精准"二字。阿里的后台有标题优化工具,这个只供参考,如果你全部听这些工具的,那么就会误入歧途,毕竟这只是个工具,只要有一点相关性的词都会搜索出来,这时候就需要甄别了,哪些是与产品最符合也就是最精准的,一定要选最精准的长尾词,这样带来的客户才是意向性最强的
适当选择付费工具	阿里的网销宝和标王,是相对来说比较精准的付费工具,但是在设置关键词的方式上有非常多的技巧,有很多需注意的事项。如果没有设置精准,那么它们将变成一台烧钱的机器。与SEO标题一样的原则,挑选关键词也一定要准确,与商品毫无关系的关键词要毫不犹豫地剔除掉,这样才能用最少的钱产生最大的效果
利用好阿里后台工具	阿里后台中有三个不错的工具,分别是生意参谋、询盘管理和精准营销,这三个工具都是用来帮助运营店铺的,但是又各有各的用处,统一运作起来,可以分析客户的行为习惯、店铺流量、地域特征,也可以进行针对性的发送信息,进行促销,非常实用
找到行业圈	论坛是阿里的一个非常重要的工具,这是我们获得免费流量的又一大途径,现在已经被商友圈替代了。要尽可能地选择自己的行业圈,这样流量的来源会更精准一些

● 视频网站引流方式

如美国的 YouTube（优兔）和 Vimeo、法国的 Dailymotion.com 等，特别适用于热品和低价产品。

以 Youtube 为例，YouTube 运营必须要找视频达人合作才行，这样视频浏览量就有保障了，同时还要和达人沟通，在发布视频的时候带上亚马逊的产品链接，甚至是折扣码，供有需求的用户进行选购。一般这些达人回复都会很慢，因为会有很多人找他们合作，但是值得等，比如有时候一个视频排队要等一个月，但上线后的浏览量很高，而所需的成本仅是一个样品而已。

● Deal 站引流方式

美国最大的 Deal 站是 Slickdeals.net，它是一家在线交易网站，主要依靠社区的成员分享信息获得交易。该网站流量占美国所有 Deal 站流量总和的 90% 以上，绝对是 Deal 站里面的巨无霸类型。Slickdeals 后台算法严密，网站规则也非常严格，尤其重视对网站忠诚用户的维护。要想在 Slickdeals 上发布促销活动，产品必须满足两个条件：一是亚马逊账号级别必须在 1000 以上，二是帖子的浏览数量不低于 50 个。满足以上两个条件后，也不能盲目地去注册账号，发布促销信息，Slickdeals 严禁卖家做自我营销，对新账号和关联账号的检测也非常严格，一旦发现卖家在做自我营销，会马上封掉用户账号并禁止含相关关键字的产品信息发布，严重的甚至是永久性的禁止。所以不要轻易去尝试自己发帖做营销，而是通过其他渠道去联系 Slickdeals 红人，沟通合作后代发产品促销活动，这里的联系方式有很多种，可以通过 Skype 同名搜索、社交平台网站同名搜索、同行资源交换或者去自由职业者平台（Fiverr）寻找等，但是绝对不要用站内信去联系，新注册的账号也不要有任何异常的操作，比如频繁点赞、评论或者试图发帖。红人虽然难找，但是积累到3个左右优质的红人资源以后就足够使用了。

目前重要的Deal站除了Slickdeals.net之外，还有Kinja。kinja是生活骇客（Lifehacker）下面的一个Deal板块，主要是发布亚马逊平台的产品促销信息。受生活骇客定位的影响，kinjadeal偏向发布品牌类、3C类、创新类和新品类（升级换代产品）的促销活动，上帖形式只有一种：卖家申请后在线提报，编辑选取并发布活动。上帖活动规则相对公平，而且是免费的，流量巨大，用户定位精准。

美国Deal站流量较少，规则也相对简单，这里不再赘述。其他国家的主流Deal站主要包括德国的mydealz和mytopdeals、英国的hotukdeals、法国的dealabs、加拿大的Redflagdeal、日本的kakaku等，规则有很多互通之处。

总的来说，获取流量的方法和渠道有很多，除了上面介绍的，还有博客、论坛、QQ等等。需要注意的是，在做引流推广之前，先对自己的产品定位，确定受众群体主要来自于哪里，确定来源后，就可以针对性地进行引流。充分地利用自己的资源，用最少的人力和精力，获取利益的最大化，这也是精准营销的主旨。

第五章 基于自建平台的中小企业跨境电商运营

2.网站运营内容策略

建站的过程无非是从提升流量、提升IP、提升排名、提升网站品牌、提升用户注册与忠诚度等一步步实现的。很多网站运营人员或站长把网站的希望全寄托在了推广上，却忽略了内容的重要性；或者明白内容的重要性，但却不懂得制订正确的内容策略。下面就从流量、IP、Alexa排名、品牌、用户注册量这五方面探讨一下网站的内容策略。

● 提升流量的内容策略

提升流量的关键是什么？其实很简单，就是让用户大量点击网站的页面，阅读网站的内容。浏览的页面多了，流量自然就提升了。那如何才能增加用户的点击行为呢？提升流量的内容策略如表5—2所示。

表5—2 提升流量的内容策略

序号	内容
1	根据用户喜好，增加相应的文章数量。注意，这里说的文章，是指用户喜欢的内容
2	增强相关文章之间的关联性，比如最终文章页内的推荐文章、正文内的文字链接、关键字链接、文章尾部的相关新闻、推荐阅读、图片链接等
3	增加页面数量、操作步骤，比如：把一步能完成的操作，改成两步；一页能展示完的内容，改成两页。增加文章分页数、在下载页面增跳转页等
4	对于网友来说，上网娱乐才是终极目标，所以想增加网站黏性和流量，适当的娱乐内容是必不可少的。比如商业网站中最常用的一招：各种美女图库
5	可以设置一些自动化的功能，像很多图片站中常使用的自动翻页功能等

● 提升 IP 的内容策略

这里的 IP，指的是一个被某一类有特殊形态、内容调性的内容维持住的一个人群。这个人群由于对于此类内容的高认同感，在后续的行为转化、消费转化上表现出转化率高的特性。下面说一下与提升 IP 有关的内容策略，如表 5—3 所示。

表5—3 提升IP有关的内容策略

序号	内容
1	搜索引擎优化是永远的主旋律。做好SEO关键字优化，包括页面标题、关键字密度、keywords、deion等，关于SEO的东西，网上的文章很多，大家多学习
2	为什么流量和IP上不去？没有足够多的内容量是重要原因之一。因此要有足够多的内容量
3	一些商业网站经常用流量联盟的手法，效果很好，但就是比较耗费时间和人力
4	网站IP稳步增长的关键是新用户的转换率，如果用户沉淀不下来，将很难有大的增长。即使有些方法可以在短时间内获取大量IP，但是时间一长或是推广一停止，IP马上就会下降，所以特色内容和栏目的建设至关重要，这些才是留住用户的关键。特色的东西，容易在用户中产生口碑效应

● 提升 Alexa 排名的内容策略

Alexa 排名是指网站的世界排名，主要分为综合排名和分类排名，Alexa 提供了包括综合排名、到访量排名、页面访问量排名等多个评价指标信息，大多数人把它当作当前较为权威的网站访问量评价指标。我们先来了解一下 Alexa 排名的原理：Alexa 排名是根据 Alexa 工具条用户的访问情况而排定名次的。Alexa 排名高，不代表网站的真实流量高，Alexa 排名的高低与网站流量的多少不一定成正比。比如某网站每天只有 100 个访问，但如果这 100 人全安装了 Alexa 插件，那排名至少在 5 万以内。也就是说，想提高 Alexa 排名，就要想办法提高访客中 Alexa 工具条用户比例。

那么，什么样的人群喜欢装 Alexa 工具条呢？又如何吸引他们访问网站呢？请看下面的策略，如表5—4所示。

表5—4 提升Alexa排名的内容策略

序号	内　容
1	国外人群方面，要关注国外用户的需求，要多加了解
2	对于个人站长，如何利用网站赚钱是他们最喜欢的内容，再就是与网站建设、运营、推广、SEO等有关的内容
3	行业人群主要是指互联网从业人员，这个人群喜好的内容就比较多了，主要还是集中在业务交流、行业资讯方面

大家可以根据自身网站的情况，适当增加对以上三部分人群有吸引力的内容，即使网站主题与他们无关，也要想办法增加。如果大家的网站实在与以上三方面人群无缘，这里提供三套最保守的解决方案：一是自己人全部安装 Alexa 工具条；二是增加相关的站长工具，比如 Alexa 排名查询；三是在一些站长类媒体发表经验分享类文章，留下网址。

● 提升品牌的内容策略

品牌的建立是最不容易的，因为流量可以造假、IP 可以造假、排名可以造假，唯独品牌是很难造假的，因为它需要得到用户甚至是行业的认可才行。基本上品牌的建立都是靠真功夫。在这里给大家提供三种建立品牌的思路，如表 5—5 所示。

表5—5　提升品牌的内容策略

序号	内　容
1	高端内容包括针对行业的高端评论、独家的权威数据等。注意：这里说的内容都是原创的，而非转载的
2	高端人群包括高端人群访谈、建立专家专栏等。主要思想就是把业内的高端人群聚集到自己的网站中来，让他们在这里发表观点和想法
3	如果做不了高端，也可以走平民路线。帮助用户解决问题，获得大量底层用户的支持，也可以建立起品牌。但是走这条路，需要有足够的耐心才行

●提高用户注册量的内容策略

想增加用户注册量，首先要弄清楚用户在什么情况下才会注册。具体来说，用户注册需要运用以下策略，如表5—6所示。

表5—6　提高用户注册量的内容策略

序号	内　容
1	对于稀缺且难找的资源，大部分人都禁不住诱惑
2	如果一个论坛有良好的氛围、好玩，能让用户找到情感上的归属感，那也会促使其注册的
3	论坛内的用户观点很独到或是很尖锐，能够引起用户共鸣。那他们很可能就会为了拍几板砖而注册
4	偶像的魅力是无限的，所以每个论坛都应该打造自己的偶像，同时吸引用户中有影响力的人

大家如果想提升论坛的注册量，那就围绕以上四点对网站及内容进行优化调整。在这里告诉大家一个最简单的方法：找一些业内的热门资源，比如像客名录、媒体资源，然后设置成回复才可下载，或支付论坛金币进行下载，效果是相当好的。

总之，自建网站不能忽略了内容的重要性，要首先确定网站要达到的目标，然后找出要完成这个目标的关键点，最后围绕这个关键点分解元素、制订策略。

●自建网站的内容页流量翻番技巧

如果你的网站能够给用户提供真正有价值并能在以后通过口口相传的内容，即使没做太多的市场营销，你的粉丝、用户也会自愿为你宣传、推广，让你的内容页流量翻番。下面是针对自建网站的内容页流量翻番技巧，如表5—7所示。

表5—7 自建网站内容页流量翻番技巧

事项	含义
做文章分页	若内容页中的正文内容太长，不但会增加页面体积，使页面打开变得缓慢；同时也会使用户浏览起来极不方便，所以适当的分页是非常有必要的。至于多长分一页，大家根据实际情况来，只要别引起用户的反感就行。一般来说，每页的正文内容保持在两屏是比较适宜的
自动翻页设置	很多用户在浏览分页多的文章时，很不习惯不停地翻页，特别是对于图片类的文章，更是如此。所以设置一个自动翻页的功能，实在是便民之举。而且有相当一部分网民在打开一个新网页后，就忘记了关闭之前的旧网页，这个时候如果那个页面能自动翻页，流量等于是白捡的
学做看图新闻	在文章内加入适量图片的好处主要有三：一能让文章图文并茂，变得活泼；二能增加文章的长度，使分页更容易；三能增加用户黏度，因为图文内容比纯文字内容，更吸引用户。所以，强烈建议大家多做图文内容。其实现在各大网站已经将这种方法普及得非常好了，像QQ、MSN，一些新闻直接以图片+说明的形式进行
添加超级链接	如果条件允许，将文章中的一些热门关键字、文章内的图片等做上超级链接，可以链接到相关的栏目或是专题。这个需要一定的技术支持，所以个人站长可能需要找人合作实现，现在很多广告联盟都有这种形式的广告，大家可以尝试。比如在醒目位置加上收藏到各大网摘站的链接或按钮

续表

事项	含义
图文推荐位、广告位	充分利用文章正文页添加适量的图文推荐及广告位,这些推荐位和广告位可以做站内推广用,也可以与其他网站进行链接互换。重点位置有四个:一是标题下方,以文字链接为主;二是文章正文中,以文字链接为主,注意,这里说的链接和后面的第四项说的关键字链接不是一个概念;三是正文右侧,尽量不要设置在左侧,因为网页的上下滚动条在右边,网友在浏览文章时,鼠标指针通常也是在这个位置,如果遇到感兴趣的链接,点击起来很方便,而且偶尔也会发生误点链接的情况;四是正文下侧。至于链接、广告的具体表现形式和内容,这里就不赘述了,只强调一点:标题及链接的内容要吸引人,适当地引入娱乐元素。值得注意的是,这些广告位、推荐位一定要设置成随时可更换的,且是在不改变网站架构、不用重新发布文章的基础上。否则,一旦你的文章达到几万篇时,换一个链接岂不累死?而且同一个位置的链接总是不更换,也会降低页面吸引力
关注门户网站	门户网站的技术是毋庸置疑的,所以多关注它们页面的优化情况,一定会令你受益匪浅的
添加适当的互动模块	如典型的文章评论、文章感受投票等。人性化的互动产品,会增加用户体验,提高页面黏性,而且互动的同时,PV就会随之增长

3.多渠道寻找推广资源

就目前来看，主流的渠道推广资源可以分为付费渠道、赞助渠道、自媒体渠道和口碑渠道等。为此，下面将全面解析这几类渠道推广资源及其特点，以便于中小企业"寻找与产品匹配度相关的目标用户"，注意，是用户而不是流量。

● 付费渠道资源

付费渠道分为线上广告、媒体广告、户外广告、社会化广告、APP广告等。

线上广告具有短、平、快的特点，为中小企业必备。效果较好的分别有搜索渠道、联盟广告、导航广告、超级广告平台、移动广告投放平台等。各类线上广告有不同的特点，企业要据此采取不同的推广策略，如表5—8所示。

表5—8 付费渠道之线上广告推广秘诀

类 别	特点与推广策略
搜索渠道	以谷歌为例，其他类推。互联网搜索、云计算、广告技术等，同时开发并提供大量基于互联网的产品与服务。其他如Youtube、Bing等，搜索渠道的量极大，关键词竞价操作难度极大，如果有专业的团队，效果非常好
联盟广告	如Audience network、Google adsense、Amazon affiliate等。联盟广告的量极大，便宜，效果一般，其三要素是素材、定向和出价

续表

类别	特点与推广策略
导航广告	如雅虎、Starting Point Directory、Kadaza等。导航广告导航效果还行，但好位置比较贵
超级广告平台	包括脸谱、Youtube、推特等。超级广告平台的量极大，尤其是广点通，效果中等，同样是素材、定向和出价三要素
移动广告投放平台	如UnityAds、Vungle、Applovin等。这是全球范围内知名的移动广告投放平台，它们都注重视频广告，提供非常高质量的自动化视频广告投放，有些在激励游戏视频广告方面做得非常有口碑

媒体广告具备沉浸式体验，视觉冲击强，令人过目难忘，是大型企业必备，适合品牌主体宣传，包括电视广告、报纸广告、杂志广告、电台广告、视频广告等。媒体广告注重品牌识别、视觉、听觉，并强调重复性，即在一定周期内频繁轰炸。其具体推广策略如表5—9所示。

表5—9 付费渠道之媒体广告推广秘诀

类别	特点与推广策略
电视广告	电视广告可以是硬广、访谈、独家赞助，或者公益植入，电视广告依然是最好的品牌推广渠道，尤其是黄金广告位。根据类型不同，有一定的品牌背书和美誉度塑造效果，价格越贵，流量越大；价格便宜的往往是为了做内容背书，效果迥异
报纸广告	如《华尔街日报》《太阳日报》《读者新闻》《泰晤士报》等。报纸广告能覆盖到主流人群，有一定的品牌效益
杂志广告	如《时代》《国家地理杂志》《财富》经济学《花花公子》《男人帮》《福布斯》等。其特点同报纸广告
电台广告	包括城市FM、音乐FM，等等
视频广告	如Youtube、Vimeo、Hulu、Netflix,Yahoo screen、Dailymotion等，15秒前贴视频广告，注重品效互动，性价比高

户外广告能进行区域性渠道支持，能触及更多的主流人群，效果极佳。户外广告视觉冲击强，具备一定稀缺性，是企业必备，包括电梯广告、地铁广告、公交广告以及火车站、飞机场、电影院、高速路牌、广场液晶屏等。其具体推广策略如表5—10所示。

表5—10　付费渠道之户外广告推广秘诀

类　别	特点与推广策略
电梯广告	电梯广告是众多品牌主的户外首选，强制性曝光。电梯广告曝光度很强，能迅速提高品牌知名度
地铁广告	包括品牌列车、各类展示位等等。地铁广告曝光度强，有些地方地铁内有液晶屏，展示效果极好
公交广告	包括公交车身广告、公交站牌。其曝光度也不错
其他	火车站、飞机场、电影院、高速路牌、广场液晶屏等都具备极强的曝光度，且有很好的分众效果，如飞机场是覆盖高端人群的不二之选

社交网络传播速度极快，内容营销必备渠道。社会化广告可以最大化利用KOL影响力，最大化利用社交网络传播的红利。内容与创意是转发和分享的关键，包括Tweet、YouTube、APP广告等。其具体推广策略如表5—11所示。

表5—11　付费渠道之社会化广告推广秘诀

类　别	特点与推广策略
Tweet	如果你想分享一部很有社会意义的电影却被电影局拒绝了怎么办？*Bully*就是一部以童年欺凌为题材的电影，因为过于直白的台词被美国电影协会定义为R级。因为被禁，发行者赫希发了一条Tweet：每年美国有1300万孩子会被欺负，300万孩子会因为被欺负而退学，我支持@Bully Movie，让我们用实际行动支持吧！结果当天，这条Tweet被转发100多万次，人们纷纷点击，在@Bully Movie私人空间里观看了这部电影

续表

类　别	特点与推广策略
YouTube	你跟女朋友走进电影院，座位上坐满了身材魁梧、赛车手外表的壮汉，而且最糟的是只有中间还有剩下的位置，你必须顶着无数壮汉虎视眈眈的眼神穿过过道并坐过去，很多情侣看见这种情况来了又走了，但你想证明自己是勇敢的，你走过去，坐下来，发现没发生什么异常，然后那些壮汉把嘉士伯啤酒递过来，并为你们的勇敢行为鼓掌。这个视频于2011年9月在YouTube上发布，截至2012年5月已带来1100万的播放次数，而且在2011年第四季度，嘉士伯啤酒销售额提高了4.3%。
APP广告	类似搜索机制，锁定用户APP下载习惯，为各类企业必备，注重以效果为主。Instagram、Vine、skyle、google+，等等。借助行业领先的搜索和资讯流推荐，根据用户的意图和行为数据，识别每一位用户真实需求及兴趣爱好

●**赞助渠道资源**

　　赞助渠道一般是娱乐营销、体育营销，因此打造流行现象及品牌调性符合是关键，是大型企业必备。包括明星赞助、热门活动赞助、热门赛事赞助、演唱会赞助等。具体推广策略如表5—12所示。

表5—12　赞助渠道推广秘诀

类　别	特点与推广策略
明星赞助	优先考虑热门IP，比如安吉丽娜·朱莉、杰西卡·阿尔芭、萨尔玛·海耶克、梅根·福克斯、碧昂斯·诺里斯等，人气是王道
活动赞助	优先考虑热门综艺娱乐节目、影视剧等
赛事赞助	赛事影响力与企业市场目标匹配度是关键
演唱会	关键在于演唱者的影响力

●自媒体渠道资源

自媒体渠道对企业营销而言,进可攻,退可守。可以拉动企业与用户的关系,塑造企业的形象与美誉度,主要包括官方渠道和社群渠道。官方渠道能帮助企业建立良好的形象,保持在市场上合理的声誉;社群渠道能帮助企业针对核心目标用户群进行集群式轰炸,制造热点,形成现象级的事件。利用自媒体不断地输出内容,结合企业、产品、用户之间的关系,利用视频、图片、文字,从不同的角度阐述企业在不同的区域、时间、所处竞争定位等,都有不同的推广策略组合。

官方渠道是企业公关最佳渠道,省钱,为中小企业必备。具体推广策略如表5—13所示。

表5—13 自媒体之官方渠道推广秘诀

类别	特点与推广策略
站内	自身网站与APP广告位、短信通道、站内信、弹窗等。官方内部通道也是很好的推广位,要合理地利用
SEO	官网排名、维基百科、Reddit、新闻源,这些非常适合冷启动,吃透搜索体系规则。如果有能力,组建专业团队,做站群排名、新闻源排名、企业百科,前期耕耘,后期收获
官方媒体	服务号、订阅号、官方社区,将这类服务号当作产品做,抓用户的产品需求;订阅号当传播来做,抓用户的信息需求。社区难度极大,做成了效果很好
视频自媒体	如YouTube、推特、Vimeo、Dailymotion、Liveleak等
其他	诸如客服、销售、门店、代理商等

合理整合官方内部资源非常关键。一个销售人员，拜访了100个用户，最后没成交，但却对企业产生了实质性的宣传效益。现在利用线下资源，获取APP下载量和真实用户效果不错。门店的宣传效果也可以整合进来。

社群渠道是块宝地，是软广的核心战场，包括综合类社群、垂直类社群、社交类社群等。苹果、三星、UBER都喜欢在社群渠道做软营销，在产品上线前，各类预热活动，内容营销。比如，当你看到很多人在论坛讨论苹果又出新品时，请不要相信这都是自发的，里面有大量的水军，还有博主。具体推广策略如表5—14所示。

表5—14　自媒体之社群渠道推广秘诀

类别	特点与推广策略
综合	包括雅虎、Techcrunch、Quora、BigThink等
垂直	包括猫途鹰、雅虎旅游、Expedia、Travelocity、Priceline、Orbitz、Kayak、Hotels、TravelZoo、Hotwire，等等。垂直社区的用户质量往往极高，营销价值极大，但是社区对营销的打击非常严厉。较好的方式是找KOL进行植入营销，另外也可以找写手拍摄原创视频、图片，编写文案后开展优质内容营销
社交	包括Skype、AOL、Google Talk等。社交群的标签非常清晰，容易找到目标用户，但是对广告的抵触也很强烈。若是官方要组建群矩阵，建议引导活跃人士自发建群，开展营销

● **口碑渠道资源**

口碑渠道是企业传播的加速器，自媒体输出有价值的内容，在口碑这个渠道上，明星、意见领袖、独立观察者、独立用户，等等。他们在社交平台、博客、论坛、新闻网站上提及产品并给予正面评价，能迅速获得大量曝光，并大大地提升产品的转化率。影响口碑渠道的关键点在于内容和把关人，一方面人们只爱分享有趣好玩的内容，另一方面把关人决定了信息的传播范围和最终的内容。口碑渠道主要包括名人渠道、媒体渠道和粉丝渠道这三大块。

名人渠道包括明星、名人、意见领袖等。具体推广策略如表5—15所示。

表5—15　口碑渠道之名人渠道推广秘诀

类别	特点与推广策略
明星代言	土豪玩家必备,明星代言具备较强的公信力,同时可以借机转化该明星的庞大粉丝群。所以关键点在于品牌调性与明星的品牌形象是否符合。另外请明星代言一定要上大媒,不然就好比写了一篇旷世奇闻而不发表
名人	大众及垂直领域的成功或专业人士,如比尔·盖茨、扎克伯格等。名人可遇不可求,能被名人夸赞,产品实力很重要
意见领袖	包括网络红人、作家、律师、学者等。典型事例就是将植入性广告与上述"意见领袖"有机地结合起来,现实转化率还可以,主要在于借助了"意见领袖"对粉丝的意见影响力

媒体渠道包括独立记者和知名媒体,其推广策略如表5—16所示。

表5—16　口碑渠道之独立记者和知名媒体渠道推广秘诀

类别	特点与推广策略
独立记者	独立记者即各大媒体比较有名的记者。邀请记者针对企业写一篇报道,优秀的记者能以独特的视角,用比较公正的语言来行文,最终呈现在读者面前的就像一篇新闻,具有极强的公信力和口碑传播效应。当然,如果企业的自媒体推出的内容比较有趣并引起了他们的兴趣,经过他们把关后发在媒体上,其效果会更好
知名媒体	知名媒体主要指的是上面说的"报纸广告",如《朝日新闻》《产经新闻》《太阳报》《泰晤士报》《纽约时报》等。企业事件营销的核心就是引起媒体关注并报道,难度比较大。有些企业利用公益营销的公益性切入,更易获得媒体的关注与报道

粉丝渠道包括官方、社群和个人三个大的方面,其推广策略如表5—17

所示。

表5—17 口碑渠道之官方、社群和个人渠道推广秘诀

类别	特点与推广策略
官方	包括Delphi、社区、博客、公众号、官微。维护好粉丝渠道,提升粉丝活跃度。不定期开展粉丝见面会、主题活动
社群	包括Skype、AOL、Google Talk、综合论坛、垂直论坛。社群要做好维护,找到一些关键人物,形成良好的合作关系
个人	主要指的是脸谱、推特、Instagram。移动互联网时代,人人都是口碑媒介,比如各种朋友圈等

最后要强调的是:不管是创业者还是市场运营从业者,都应该寻找并充分利用渠道推广资源,尤其是做跨境电商的中小企业,多渠道寻找推广资源有助于进入国际市场。合理利用好付费渠道、赞助渠道、自媒体渠道和口碑渠道这四个渠道,可以实现"1+1+1+1>4"的效果。

4.提升访客转化率

转化率是指访问某一网站访客中,转化的访客占全部访客的比例。做跨境电商的都知道,提高转换率是非常重要的,因为网站转化率是网站是否有价值的一个重要指标。在网站建设过程中,仅仅有一个好看的网站是不够的,它必须将访客转化为客户并增加销售。下面主要从自建网站网页设计、网站访问者分析这两个方面来讨论自建网站的转化率问题。

●自建网站中的网页设计技巧

做跨境电商的中小企业要提高自建网站访客的转化率,需要在建站过程中掌握网页设计方面的技巧。如表5—18所示。

表5—18 自建网站中的网页设计技巧

技巧	实操要领
定义目标	设计网站必须清楚自己的目标。不要认为这个目标只是要提高转化次数。在目标方面你必须精确,确保目标是可衡量的,以便了解达成目标的距离
了解受众	商业网站不能与个人网站相似,因为这不是为自己建造的。如果想赚更多的钱,请确保牢记网站的客户,并尝试了解他们,找出他们喜欢什么,不喜欢什么

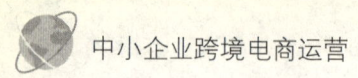

续表

响应式网页设计	大多数人尝试通过手机在线寻找信息,而不是痛苦地打开他们的电脑。近年来,移动流量正在增加,而不是网络流量。因此,在智能手机和平板电脑等移动设备上,网站非常重要
保持联系	你的责任不会在发布日结束。网站可能会遇到一些意想不到的问题,即使在发布后,也必须与网页设计师保持联系,以便他们能够解决问题,并帮助你在网站上进行更改
观察分析	应该观察网站的表现,知道它的工作状况是什么样的,有多少用户正在使用它,在哪里和在什么时候。必须确保监控所有这些事情,并进行相应的更改,以使之表现得良好

如果在网站建设中运用上述网页设计技巧,将有助于获得高转化率,从而产生高收入。

● 使用网站访问者分析工具

只懂得网页设计技巧只是自建网站提高转化率的一个方面,分析网站访问者行为才是最重要的,因为一旦了解了访问者在网站上的行为,就可以根据这些行为对网站进行策略性的调整。这并不是一个复杂的过程,只需要正确使用Hotjar热图工具,它能够提供网页点击热图,让你可以准确地看到访客点击,移动和滚动到你的网站的位置。

使用热图可以获得有关用户在产品页面上的行为留下有价值的见解。比如:访客点击哪些产品照片最多?人们在页面上滚动多少?还有就是访客是否注意到重要的细节,如免费送货、安全徽章和"购买"按钮,等等。知道了这些信息,你就可以很好地改变你的网站,并把这些信息转化为客户。

访问者在网站上的行为主要是他搜索的内容,因此如果知道购物者正在网站上寻找什么,就可以确保他们很容易地找到想要的东西。

第六章

中小企业做跨境电商需要注意的七个问题

2017年以来,中国跨境电商已经成为了中国外贸增长的重要动力,而新兴市场也将成为很多中小企业进军跨境电商领域的必然选择。实际上,全球范围内轻工业欠发达的新兴市场一直都是中国跨境电商企业至关重要的"战场"。对于中小企业来说,要成功地打进新兴市场,需要注意物流、仓储、平台、人才、语言、推广、支付结算等七个方面的问题。

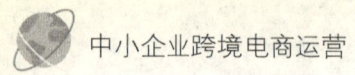

1.物流:解决关税、清关、退件、本地化痛点

随着跨境电商的快速发展,跨境物流也在急速发展,物流未来将左右中国跨境电商的最终表现。而当前的跨境电商物流市场巨大但尚处于初放时代,其中的关税、清关、退件、本地化是跨境电商物流的痛点所在,是所有相关企业需要共同面对和解决的问题。

●跨境电商物流的税务痛点与解决之道

随着一些国家对跨境电商进行征收 VAT,对于已经使用海外仓,但没有注册销售 VAT 的卖家,他们如果继续销售,将属于非法运营。除了少部分不专业的公司外,极少数物流公司为获取更多生意,低价揽件,承诺卖家包税、快速通行。但为了获得利润,这部分公司只能在这方面动点手脚。对此,卖家也要特别注意。

以欧洲为例,当前,进入欧洲市场的货物主要由英国伦敦和荷兰阿姆斯特丹进入。两地的征税情况是:产品价格越高,税额越大,跨境电商卖家被要求进行真实、及时、准确的税务申报。如果故意延误,错误或虚假申报,都可能受到英国皇家税务与海关总署(HMRC)包括货物查封、向电商平台举报导致账号受限、罚款等不同程度的处罚。

对于跨境电商物流的税务痛点,其解决之道关键是两点:第一,每个层次的价格需要缴纳不同的税额,卖家对于税务制度要有清晰的了解,当物流承诺的价格低于正常的价格时，就要多留一份心思；第二，卖家不要相信所谓的渠道和保证，为了产品的安全，一定要通过正规渠道报税清关。如果自己没有VAT账号，要了解清楚物流公司的资质和操作机制。

●跨境电商物流的清关痛点与解决之道

对于跨境电商物流来说，清关都是个大问题。比如第三方海外仓，虽然可以提供收件人和代交关税等服务，但在现阶段，大部分跨境电商卖家主要还是靠物流公司清关。跨境电商物流通过海关，经常会出现一些意外情况，轻则需要补充资料，重则出现扣货，甚至没收货物，除了给物流和时效性带来很多不确定因素、延长配送时间外，更给卖家带来巨大的损失。

出现以上现象，除了没有重视进口国的监管制度和目的国的贸易壁垒等原因，更多的是物流公司将报关业务交给了第三方，而这些第三方公司不重视及清关公司的不专业。而一些物流企业则会"标榜"自己什么产品都接，不管是走什么渠道，到达哪个国家。

对于跨境电商物流的清关痛点，其解决之道要根据实际情况采取不同措施。一方面，物流公司虽然为卖家提供报关服务，然而一手从卖家揽货，一手却将货物甩给第三方报关公司。因此，在这个过程中，卖家要信赖专业的报关公司，实现清关的规模化和规范化，有利于降低监管成本，提高通关效率，避免偷税漏税。另一方面，一些有实力的物流公司，在目的国设立专业的公司，实现了专业报关、快速通关。设立这些分公司，也让卖家能更清晰地追踪到货物。例如，英国清关分为普货清关和快件清关两种模式，电商选择英国清关的物流公司，一定要选择具有"快件清关资质的清关公司"。有快件清关资质的清关公司，货物通关比较快速，同时一个主单中其中一票出现价值低报，或者货物被查验，不会影响到其他货物的清关。

● 跨境电商物流的退件痛点与解决之道

在跨境电商中,由于消费者对货物不满意,或者产品破损,退换货问题也变得越来越常见。除此以外,亚马逊代发货服务(FBA)的退换货问题也是个不可避免的问题。FBA对进入货物的品类、贴标、包装都有相应的要求,如有不符,就面临着退货的问题。此外,FBA的退货比较容易,买家可以随意退货,这会提升产品的退货率,所以卖家一定要保证商品的质量,并要做好产品的具体使用说明,因为很多买家是因为没有操作过产品,误以为产品有问题,才选择了退货。虽然卖家小心翼翼,符合标准地进行操作,质量上也让消费者满意,退货还是不可避免的。然而,不同于国内物流,由于种种因素,无论是哪种渠道,都无法顺利地支持卖家向买家提供退换货服务。

对于跨境电商物流的退件痛点,其解决之道在于:一方面,卖家可选择海外仓提供退件处理,当前一些海外仓可提供售后维修、货物退回国内等服务;另一方面,假如亚马逊仓库的货物需要退件,可以退到所在仓库进行附加服务,仓库可提供二次打包贴标服务、重新包装等服务,再次入库亚马逊FBA仓,或提供其他卖家指定服务。

● 跨境电商物流的本地化痛点与解决之道

海外仓、清关是本地化的重要组成部分。本地派送同样也是本地化的重要部分之一,在最后一公里上,如何选择最合适的合作快递公司,对物流公司也是个不小的考验,通过本地实力物流派送,能有效提高时效和服务能力。

对于跨境电商物流的本地化痛点，第一，电商在选择后段派件服务商不仅仅考虑价格，也需要考虑时效性，更要综合考虑派送公司的派送范围。快递公司暂时还无法做到全覆盖或者在每个国家都有很强的派送能力，因此有些国家适合这个派送公司，有些国家则适合另一个。如在法国与西班牙，因为 DPD 与法国、西班牙亚马逊仓未签订优先上架协议，DPD 派件这两个国家需要排仓交货，时效会受到一定的影响，因此在这两个国家，就不适合用 DPD 进行派送。电商还要考虑物品的大小与属性。如日本派件公司佐川也有需要注意的事项，即佐川派件有单件重量和尺寸的限制。单件重量不能超过 50kg；最大边不能超过 2 米，三边之和不能超过 2.6 米。若超过上述限定，佐川不能派件。因此，电商在跟物流合作之前，要了解物流公司与当地的哪家派送公司合作，产品的大小与属性是否可行，该家物流是否是最适合的，自己的目标市场与物流的优势市场是否相符。在考虑价格之外，更要考虑是否与亚马逊有优先协议上架协议，是否在某些物品上有限制，是否为当地的最优选择。第二，客服也是本地化的重要一环，FBA 只能用英文和客户沟通，而且用邮件沟通回复不会那么及时，给卖家带来了不小的问题。对于在海外的物流公司，客服也是共同的短板。现阶段局面已有所改善，一些第三方海外仓已经可以有专门的中文客服来处理一些问题，提供专属顾问，并拥有 24 小时客服中心。

2.仓储：海外仓储有风险，抗险能力必须强

海外仓被看成是跨境电商的一个突破，但做海外仓储首先要明确一点，海外仓储并不适合所有的商品，那些易碎、体积大、价格高或者传统渠道不能走的商品一般会走海外仓。因此想做海外仓的企业，要有较强的抗风险能力以及雄厚的资金支持。因为一旦出货进了海外仓，就要保证商品能够销出去；否则就得再运回来，回来的运费和海关关税成本都是非常高昂的。下面我们来讨论跨境电商"海外仓"的风险分析及对策建议。

●跨境电商"海外仓"的风险分析

海外仓本质上是一种资本和技术密集型产业，需要不断地投入资金和时间来完善。没有风险投资和自身规模的迅速积累，中国的海外仓很容易处于停滞状态。而且，并非所有商品都适合海外仓，有了海外仓，也并不意味着拥有了跨境电商的解决方案。因为海外自行建仓成本高，也存在经营的风险、政策的风险、市场的风险等，如表6—1所示。

第六章 中小企业做跨境电商需要注意的七个问题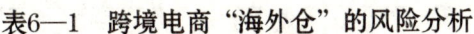

表6—1 跨境电商"海外仓"的风险分析

风险所在	风险分析
自建仓成本高	海外仓储费用高昂且名目繁多，包括仓储费、入仓费、标签打印费、订单处理费、退件费等，让那些商品利润空间较薄的卖家不堪重负。以美国为例，一个工人每月基本薪水大约3000美元，一年3.6万美元。在中国，仓库工人的成本约为2美元/小时，而在美国则是14—15美元/小时。美国的仓库年租金一般为30—50美元/平方米。1000平方米就是3万—5万美元/年。这些费用还不包括其他生活费和税费。由此看来，一般中小跨境电商是承受不起的。对于海外仓企业来说，由于还不能像亚马逊那样，建设先进的仓储中心，高度自动化和规模化运营来降低成本，因此海外仓实际费用和从中国直接邮寄的成本差别不大。对于中小企业来说，在没有具备一定经济实力和品牌基础情况下，要量力而为，不要轻易海外建仓，就算选择第三方海外仓服务，也需要非常慎重。除了极少数的跨境电商大平台之外，跨境电商实际上属于品牌商和有实力零售商的游戏，靠价格战和半生不熟的品牌战略支持不了跨境电商的未来
清关风险	不同国家的海关法律法规不尽相同，出口商对进口国海关的相关规定及清关流程不一定了解和熟悉，由于理解的问题、沟通的问题，在无意中有可能违反相关的海关法规。企业如果违反海关法，对于一般违法行为，将面临罚款、没收违法所得以及被海关降级，企业此后的进出口货物通关将面临海关更严格的审查，从而导致企业通关成本增加，通关速度大幅度下降，以致可能严重影响业务经营活动；如果违法行为具有偷逃税款或者逃避贸易限制强制性规定的故意，不仅面临被判处罚金，没收货物，甚至将面临刑事诉讼。当卖家从海外仓发货时，必须自行在进口国海关清关，或者委托第三方海外仓办理代理清关服务，由于对于货物以及有关法规、清关流程的不确定、不可控，加大了上述风险
产品知识产权问题	这两年，差不多每年圣诞节前后，正值西方传统购物高峰期，在亚马逊、eBay等大型跨境电商平台上的，面向美国市场的中国中小卖家往往会遭遇到这种集中的账户遭冻结和清零的情况。其背后的主因，是由于卖家遭遇了"钓鱼执法"。一批来自美国的买家，以高价购买仿冒品为由与中国商户聊天，获取其PayPal账户，随后相关品牌商凭借聊天记录在美国提起诉讼，目前超过千名卖家深陷其中。这是境外品牌商通过司法途径实现知识

续表

风险所在	风险分析
产品知识产权问题	产权保护的一种措施和手段。一直以来，美国品牌商在打击跨境贸易中的不当行为都很困难，不仅成本高，而且法院判决很难执行。但这次美国的权利人在取得证据之后，利用当地法律把中国商户的PayPal账户冻结，把难题都留给了中国商户。可以试想一下，当中国企业在美国大规模建立海外仓，商品都堆在别国境内，一旦企业有任何违反知识产权的行为，当地警方查封货物将成为轻而易举的一件事。而长期以来，中国企业的知识产权意识不强，对境外的法律体系和法律风险不甚了解，侵权行为也时有发生，过去被侵权者维权成本高，现在利用电商平台取证，通过冻结账户，甚至查封海外仓等方法，将中国企业置于困境
库存压力	做海外仓是提前备货，只要有库存就有滞销的风险，而中小卖家，对于大数据的运用并不具备优势，对于货品的畅销和滞销并不能做出准确的判断，因此备货时，很难根据市场需求进行合理的配置，这势必会增加企业的库存成本。因此，大家在选择做海外仓的时候，一定要对自己产品的销售有一个预判，如果对于自己产品销售没法很好地把握，建议刚开始不要发货太多，先发一部分产品，试销售，通过销售分析，然后再大量补充。对于滞销品的处理，一般来说不会再运回中国，否则又将变成了一个进口的问题。因此，一旦发生滞销，就要通过各种促销手段将这些滞销品尽量处理掉。这又将会对企业造成一定的损失
税务合法性问题	对于向欧洲出口产品的中国卖家来说，需要交纳的实际VAT=销售税VAT-进口增值税（IMPORTVAT）。销售VAT=产品定价（税前价格）×20%，这是由客户承担。进口增值税=（申报的货物价值+头程运费+关税）×20%，卖家可以申请退回进口增值税。VAT适用于所有使用海外仓储的卖家，即便使用的海外仓储服务是由第三方物流公司提供的，卖家也从未在英国当地开设办公室或者聘用当地员工。只要产品是从英国境内发货并完成交易，就必须缴纳VAT。但是，从中国直邮至英国的卖家将不受影响。并且，卖家不能使用海外仓储服务公司或者其他个人的VAT税号。也就是说，使用海外仓的跨境电商想要出口货物到英国，必须向英国税务部门登记申请VAT号。随着跨境电商的交易金额快速增长，各国政府一定会关注卖家的税收问题

● 跨境电商"海外仓"抗险对策建议

简单的海外仓，已经不能满足中国跨境电商的需求。海外仓的合法性、税务、清关、产品质量、知识产权等各方面都很重要。尤其对于那些想做本土化的卖家而言，以上这几个问题更要重视。具体来说，建议采取以下对策，如表6—2所示。

表6—2 跨境电商"海外仓"抗险对策建议

对策	实施要领
针对小语种市场的海外仓	在英美国家，市场相对成熟，竞争已经比较激烈，而且由于跨境电商的业务量每年都呈几何级数的增长，已经受到当地政府的热切关注，相关的监管措施不断出台。因此，可以考虑在非英语国家、一些新兴市场、小语种国家建立和使用海外仓。这些国家，市场虽然较小，但是买家购买能力比较强，而且当地的电子商务发展前景比较好，竞争相对不是那么激烈，发展潜力比较大。把本土化服务做到这些小语种的市场，在当地建立和使用海外仓，不仅风险较小，而且利润相对比较高
与当地代理运营公司和税务解决方案公司合作	由于中国商家的商品比本土商家便宜很多，发货速度和本地电商一样，所以海外买家的数量和质量都越来越高。正是因为中国跨境出口的飞速发展对海外本地商家造成了冲击，海外政府从2014年开始对中国在线出口的商品监管更为严格。过去国外政府对跨境电商不太监管，但是现在欧洲的政府部门对我国的跨境电商在清关、税法和质检等方面加强了监管。随着国外政府监管力度的加大，跨境电商对于各个国家的政策又不是非常熟悉，因此海外仓应提供超越简单的物流配送模式的一揽子解决方案。从法律层面来看，海外仓应该是一家当地的实体企业，而不是简单的仓库，从海外仓给当地消费者配送商品，是一种买卖的商业行为，必须依法缴纳消费税。因此，海外仓可考虑和当地的公司合作，与当地的代理运营公司以及税务解决方案公司合作，为中国商家提供代理运营、仓储、清关以及税务等立体化、一揽子服务
采用边境仓应对清关困难市场	对于有些市场，例如俄罗斯市场，尽管市场大，但是由于俄罗斯进口关税较高、本土快递业发展滞后、网点布局集中在大中城市等因素，造成目前中国电商发往俄罗斯海外仓的货物大多采用"灰色清关"，这给俄罗斯海外仓的发展埋下了潜在的风险。相比之下，边境仓仍然是在中国境内，货物还在自己的控制之中，而且人力成本相对较低。此外，由于货物尚在境内，无须进口国清关。当客户接到订单后，货物从边境出关，用邮政清关，保证了清关效率，也保障了货物的安全性。因此，对于价格低、重量轻的商品，比较适合边境仓的模式

续表

对策	实施要领
开辟O2O线下店	线下店可以有多种功能结合,一是给当地批发商提供小额采购服务;二是帮助卖家展示品牌货品和提供零售功能,为买家提供本土化服务和体验式消费;三是帮助卖家处理库存。总的目的就是为卖家开拓多种销售渠道,解决压货的问题,提高库存周转率,并可提供本土化服务,使跨境电商能够更贴近当地市场
加强大数据分析,提高周转率,降低库存	现在跨境电商的模式比传统的国际贸易模式具备大数据分析的优势,通过大数据分析,可以对消费者购买行为进行准确的分析,如购买人群的年龄、收入水平、消费习惯、购买频率、购买数量、购买时段等,从而提高市场需求预测的准确性,能够更为精准地备货和补货,降低库存成本,提高海外仓配置管理效率,加快资金流转

  物流时效问题以及本土化问题是现阶段跨境电商发展的一个瓶颈,海外仓虽然能够在一定程度上起到解决问题的作用,但是通过分析也看到了其风险。因此,海外仓模式应注意开拓新兴市场,加强和加深与当地企业合作,开拓O2O经营模式线上线下双管齐下,利用大数据提高周转率,多方面、多层面、多角度协调合作,共同促进跨境电商的可持续发展。

第六章　中小企业做跨境电商需要注意的七个问题

3.平台：第三方平台与自建商城相结合

从事外贸到底是建平台站好还是建独立站好？这是许多从事跨境电商的中小企业难以抉择的问题。对于这个问题，其实可以采取将第三方平台与自建商城相结合的措施。有些商家就采用了一种更聪明的做法，即将第三方平台与自建B2C商城相结合，比如在发货的包裹里放宣传页，推广自己的B2C商城，这种做法也实现了自有商城的免费推广。

● **自建站与平台推广各指标差异分析**

很多个人和企业都面临这样的选择：到底是选择第三方平台入驻，如阿里、京东、亚马逊，还是自己去做一个商城网站呢？下面的分析会帮你找到答案，如表6—3所示。

表6—3　自建站与平台推广各指标差异分析

指标	分析
操作容易度	自建站包括自主开发和模板建站，无论哪种方式，都经历较长的制作过程、网站推广和数据分析，才能让自建站的效果得到充分发挥。相比之下，平台的操作比较简单，只要用户在界面上传和更新产品、设置分类、处理销售信息即可。但长远来说，平台也在不断更新迭代，需要用户为此付出新的学习成本，这些成本和经历投入已经足够用来掌握建站推广的要点了

续表

指标	分析
流量基础	平台流量大,且针对入驻新人有一定的帮扶政策,而自建站是从一个全新的新网站开始,用户和流量都要从零开始。但是,平台的流量是不稳定的,一般过了新手期,流量就会突然暴跌,想获得流量就得掏钱。自建站长期积累的流量比较稳定,粉丝一旦积累,对网站有很大的变现价值
短期效应	像淘宝、今日头条等平台一开始由于帮扶作用,排名推荐都比较好,短期变现能力比较强,对新企业极具吸引力。如果你在这样的平台都没有客户,就要考虑是不是产品环节出问题了,比如定位模糊或者价格不合理。相对来说,自建站的短期效应是比不上平台的,但做网站的企业大多数都不为短期效益,而是着眼于长远发展
抗险能力	平台运营要服从政策,比如一样的产品平台限制不给卖,那你是笑呢还是哭呢?除了服从还能怎么办?而自建站的处理方式就灵活多了,而且握有主动权,平台政策有任何风吹草动都不受影响,反而还有机会快速替补,把平台的流量吸引到自建站上来
竞争强度	平台突围的策略就是打价格战,这其实是恶性循环。卖家利润越来越低,产品质量就会随之下降,用户数量也会减少,最后两极分化,强者更强,弱者基本没有翻身机会。而自建站能充分展示自家产品的优势,比如结合恰到好处的场景、具有煽动性的产品视频、用户展示等,全方位应用营销工具,能获得和平台一样的营销效果
客户忠诚度	平台的客户流动性很大,大多是经过参数和价格对比后过来的,一般很少回购,毫无情怀可言。自建站从推广网站到用户注册的过程,都是建立信任和忠诚度的机会,培养一批老用户后还可能为你带新。这点相当于用户对平台的忠诚度很高,却对平台上的店铺很"薄情"
自我成长性	自建站面对的是营销的整个过程,对网络营销的熟悉和深入理解是自建站企业必须探索的历程,随着时间的增加,经验也会越来越充分,也越来越能够轻松地驾驭网络营销。第三方平台,政策多变,升级快,没有稳定的营销环境,没有形成自己一套完整的理论经验,又要整装去学习新的东西,处于一直探索的路上,却没有总结升华的机会
资源积累	通过自建站可以对访客的信息进行记录,或者留下联系方式,这样,所有对产品感兴趣的客户或潜在客户都会被保留下来,就有了二次销售的机会。有了自建站后,就有了自己网络营销的主节点,所有营销方式都可以有一个自己可以掌控的主信息中心,通过长时间的积累能形成自己的客户数据库,也为邮件推广和社交媒体营销准备了充分的条件

第六章 中小企业做跨境电商需要注意的七个问题

●自建还是借用？需要自我评估

通过上面的分析发现，在操作难易度、流量基础和短期效应方面，第三方平台比自建站有优势，但是从长远来看，这三方面仍然是自建站更胜一筹；而在抗政策风险能力、竞争强度、客户忠诚度、自我成长、资源积累方面，第三方平台远比不上自建站。那么，究竟是采用第三方平台还是自行搭建独立站呢？建议从以下几点进行自我评估，如表6—4所示。

表6—4 自建还是借用平台的评估方法

序号	内 容
1	对销售额的预期。即每个月/季度的销售所产生的利润能不能负担所有的固定费用，这是一个量化的可行性条件
2	如果你的产品非常强势，无论在技术还是需求方面非常有发展前景，并且对之感兴趣的投资人一波接一波，那你必要要自建独立平台
3	通过第三方平台销售成本较高；而采用自建独立平台，由于需要聘用专业的技术团队搭建平台和服务器，并且还需要至少三个月的SEO（搜索引擎优化）持久优化，才能开始产生销售，而且日常运营、技术团队的开销不会降低
4	如果销售的是特殊产品，并且这种特殊产品并不适合在第三方商城平台上销售，就只能选择自建独立站
5	从长远来看，自建独立站对建立稳定的销售渠道、宣传品牌和培养企业文化有非常重要的作用。如果你除了卖产品以外还希望走品牌之路，那自建独立站则是不二的选择。同时，除了自建独立站外，你还需要利用第三方商城平台来增加产品的曝光率，并且增加销售收入，即全平台营销方案
6	如果产品正处于开发阶段，希望通过众筹方式在开发阶段就开始销售的话，也必须要自建独立站
7	如果提供的是服务性产品，根据目前各个平台的产品结构以实物产品为主，建议建独立站
8	第三方商城上开的店没有独立域名，自建独立站拥有独立域名。如果你在意一个独立域名能够提升企业形象的话，建议你自建独立站

总之，除了以上几个必须自建独立站的情况以外，一开始可以用第三方商城平台来做，熟悉跨境电商流程，锻炼团队，完善供应链，最终目标是全平台营销，而全平台就包括了自建平台和第三方商城平台，因此不建议抛弃已经成熟的第三方平台渠道而去重新搞独立站。

●自建跨境电商平台：实力+团队+流量获取与转化

对于中小企业来说，自建跨境电商平台并非不可行，一些规模和实力很强大的外贸企业，早就以网站平台为依托，深耕海外市场。它们的网站建设功能强大，包括物流、支付、直接和国外用户实现在线交易。可以说，如果企业能够做到这个程度，中间省了很多环节，降低了企业的运营成本，是一个不错的大胆的尝试。

但是，自建电商平台看起来很美丽，做起来却未必能够达到预期。中小企业想要自建平台，首先要预估自己的实力，如果能够具有强大的海外商品组织和货源整合能力，企业有电商团队，且擅长运营和海外供应链管控的人才，有良好的物流清关流程管控能力；企业在所属行业有较好的流量获取和转化能力，售后服务体验有保证，价格有优势，而且在某一点具有领先优势、技术垄断等，可以试水一下自建电商平台。前期也许很艰难，但是，只要摸索出路子，更有发展前途。

4.人才：搭建高效的跨境团队

在搭建跨境团队时，首先，要清楚自己需要什么样的人才，哪个方面缺人就补哪个方面；其次，懂平台操作的人是团队必需的，不过也不能缺少懂产品的人。

●跨境电商团队的人员构成

一般来说，跨境电商团队主要由以下人员构成，如表6—5所示。

表6—5 跨境电商团队的人员构成

人 员	招募要点
程序员	做网站，好的程序员是一定需要的。这里分不同的情况，要考虑招募不同数量的程序员。如果是.net语言组建网站的话，建议招募两名程序员，一名水平高一点，一名普通一点，进行资源互补。如果是PHP平台搭建的话，情况要好很多，初期一个懂这个的程序员就能基本搞定
美工	美工是很重要的角色，美工的美感，div+css能力，直接决定了网站的订单转化率和网站的信用度。B2C最重要的是产品图片的处理、美化，如果美工在这方面能力不行，将会导致整个网站订单率下降。很多人的购买冲动就源于漂亮精致的产品图片，好的美工一个就足够
策划	必须要有一名策划！策划的主要工作是策划活动、布局网站，最好懂用户体验。别以为这些工作你自己可以搞定，即使你有这个能力也没有那么多时间搞定

续表

人 员	招募要点
编辑	在B2C中的角色，如果有好的策划，虽然相对能力弱一些，但是他除了担任日常编辑工作外，还会担任线上客户会员的服务，比如评论的维护等等。一般来讲，能力要求没有策划高。很多策划都是网编过来的
推广	推广在网站开发的过程中，可能还不需要，后面就需要增加了，开发阶段不招募。推广阶段一般用2名推广，一个负责友情链接交换这种，小型网站合作，一个负责手动链接建设
客服	客服的重要性不言而喻，客服实际上直接决定了公司的收入。客服最好是女生，有售前电话客服经验的，能在客户询盘的情况下搞定客户。在网站开发阶段一般不招募，上线开始有流量了，就要招募了
管理	即团队管理，诸如工作任务安排、检视工作、网站发展进度规划、对外公关、大型媒体合作等等，都是重点要做的事情。注意一定不能每天忙于琐事缠身，否则思想会受到束缚，导致没有精力去思考后面的方向，好钢要用在刀刃上

●如何判断跨境电商团队的平台操作高手

做跨境电商是一个巨大的工程，其重点之一就是跨境电商平台的操作。因此，平台操作高手就成为了跨境电商团队的"香饽饽"。

那么，平台操作技术大咖的具体标准是什么？下面这几条供招聘时参考，如表6—6所示。

表6—6　跨境电商团队平台操作技术大咖招聘的参考标准

序号	内　容
1	电商操盘手一定要懂数据，如果连Excel都玩不转的人，很难相信他是平台操作的技术大咖
2	电商平台操作高手需要知识渊博的复合型与创新型人才，触类旁通，学习能力强，有这样的人是电商团队的幸事
3	电商平台操作高手应该痴迷于商品，而不是痴迷于电商技巧。要知道，好的商品，依然是制胜之本

第六章 中小企业做跨境电商需要注意的七个问题

续表

序号	内 容
4	战略型电商人才，价值要大于战术型的人才。现在什么都能外包，摄影与美工、客服、仓储配送、技术服务等，都有更专业的公司等着你，连直通车都可以外包，但是大脑无法外包，那就是战略。所以，需要一个可以和老板对答的幕僚型电商人才，互补有无，才能成就大业。这一点很重要

平台操作高手是技术大咖，那么如何判断是否有这个平台操作技术？不妨在招聘过程中提问这样的问题，如表6—7所示。

表6—7 招聘平台操作技术大咖应该提问的问题

序号	内 容
1	查找关键词有几种方法？
2	查找排名有几种方法？
3	平台产品自然排序规则看重哪些方面？（请列举三个要点）
4	平台发布产品的匹配度包含哪几方面及注意事项？
5	产品类目有什么注意事项？
6	产品名称有什么注意事项？
7	产品详细描述要注意什么？（请围绕三个点）
8	产品图片优化要点是什么？
9	什么是重复产品？

这些问题涉及跨境电商平台的看行业、选产品、定用户、找卖点、做推广等诸多核心要素，因此经过这样的提问，基本就能判断出来应聘者是否是一个"高手"了。

5.语言：沟通好才有生意做

在跨境在线零售网站上，卖家会接到不同国家的访客，因此想要促成订单，就一定要突破语言障碍。一般情况下，跨境电商建立网站都是以英文为主，不过若做新兴市场，则要考虑自己针对的主要是哪个国家的客户。

● 根据市场使用外语人才

究竟是需要英语人才还是小语种人才，要根据自己企业面对的市场情况而定。对于传统外贸企业，或者是主打"英语类"市场的企业来说，聘请几个英语过硬的员工，外加翻译软件是企业的标配。

在天津自贸试验区挂牌以及天津获批跨境电子商务综合试验区后，大量跨境电商企业如雨后春笋般落户津城，由此创造了大量的就业机会，外语人才特别是小语种人才，受到了跨境电商企业的青睐，应届毕业生月薪可达到5000—7000元。2016年6月初，团购导航网站"折800"功能总部正式迁入中心商务区，其办公团队达到150余人，天津未来也将取代北京成为全国运营中心。该公司相关负责人表示，跨境电商属于交叉学科，既有国际贸易的特点，也有电子商务的特点。现在公司需要大量电商人才，而天津自贸试验区的人才落户政策与高铁的便捷优势，吸引了不少北京毕业生前来面试。

除了"英语类"市场，还有小语种市场，在小语种市场，英语人才就远远不够了。对于小语种市场而言，机器翻译出来的语言，对于当地的买家来说理解难度很大。这里面有语言问题、术语问题、货币问题和企业名称、产品名称等问题，因此也需要小语种人才。目前，小语种国家市场是跨境电商发展大趋势已成为业内共识，各大跨境电商平台甚至已开始激烈争夺小语种市场。而政府也在发力做这方面的工作，江门市商务局就是一例。

江门市商务局曾牵线引入了"跨境云"项目，通过专业公司提供的人工在线翻译，帮助企业与小语种市场的商家沟通，当时就有30余家江门企业在使用该服务。江门市商务局有关人士分析认为，澳门与葡语国家联系紧密，在文化、语言上有天然的沟通优势，值得尝试与他们合作跨境电商拓展小语种国家市场。

现在跨境电商企业的产品推广绝大多数是用英语，但是有一些国家的英语并没有达到人们想象的普及程度，还是有部分地区的人对英语不熟悉，如法国、葡萄牙、俄罗斯等地。对于这些国家，如果用当地的语言与其交流会让他们觉得更加亲切，那么业务范围和销售面就能拓展，合作机会也会随之大幅增加。而且，欧美地区也有很多小语种国家购买力不低，值得深耕。

●信息传递需要外语人才

跨境电商经营效率的提高，几乎都是在信息交换的过程中实现的。信息是按照一定要求通过一定渠道进行的，这就是信息流。跨境电商接触的信息多是世界各国的信息，在信息流的基础上提高跨境电商的经营效率，不懂外语显然不行。

从语言的角度讲，要提高跨境电商网站，站内站外的 SEO 优化。从翻译角度来讲，无论你将产品信息翻译得多标准，如果无法提高站内外的搜索那也是白搭。如果翻译出来的不是电商的，或者无法 SEO 优化的，无论你花多少钱，站内外搜索的结果都不会理想。可见外语人才在信息交流中的重要性。

综上所述，跨境电商企业最好能建立多语言服务体系，这样能够有效地降低推广成本、运营人员成本、优化成本。

6.推广：提升网站流量和转化率

跨境电商既然属于在线购物，就肯定需要流量。网站若没有流量，自然也就没有转化率，订单也不可能不请自来。有流量不等于就有了转化率，将访客转化为买家才是网站的最终目的。那么，如何提升网站流量，又如何提升网站转化率呢？

●提升网站流量的方法——站内引流

关于提升网站流量，我们在第六章讨论了站外引流的途径和方法。其实，提升网站流量除了需要站外推广引流，也需要站内引流。我们这里讨论一下站内引流的方法。表6—8提供了五个站内引流的方法。

表6—8　站内引流方法

方法	操作要领
个性化	个性化永远是吸引顾客的重点。众所周知，物以稀为贵。对于跨境电商网站当然也是这样，独特的个性更能展示你的价值。怎样才能让你的网站产品具备强大的吸引力？其实这并不会很难，只要你的网站设计够独特，符合顾客的胃口。在同质化严重的现在，独特个性才是王道，才是最受顾客欢迎的，网站设计彰显个性化自然可以吸引到很多顾客，转化自然也不会太难

续表

方法	操作要领
发货+宣传	在跨境电商的网站运营中，千万不要认为你将产品发出去了，这个交易就结束了，其实这也可能是另一个交易的开始。顾客的亲朋好友圈子里的任何一个都可能成为你的潜在顾客。因此，你可以在产品包裹里放入自己的网站宣传单页以及最新产品宣传策划，以及某些带有网站名称的办公用品小赠品，这不仅仅能够让顾客具有更好的体验，还能够为你的网站做低价的广告
友情链接	人脉越多，能够给你带来的好处也就越大。网站的友情链接就是现实中的人脉，一个好的友情链接能够为你的网站带来更多的流量，当然必须是高质量的相关链接，否则带来再多的垃圾流量也是没用的
邮件推广	具有高投资回报率的邮件推广似乎成了不可多得的良好推广方式。做电商的人几乎都用过，但能够真正做到高回报的也并不是很多。邮件营销方式虽然低成本，但是也要讲究一定的技巧性，否则进入垃圾箱对你的营销推广也起不到任何作用。但是利用技巧推广确实是一个推广的好选择
做CPC广告	CPC（Cost Per Click，按点击付费）是卖家需要掌握的一种站内推广形式，它通过向目标人群投放广告让产品得到更多的曝光量和询览量，在产品符合买家需求、描述清楚到位、图片足够吸引人的前提下。有助于爆款的打造和形成。尤其对于竞争少、售价高、利润高的产品，更应当优先考虑投放CPC。目前美国站最低起投价为0.02美元，每次加价最低为0.01美元。英国站最低起投价为0.02英镑，每次加价最低为0.01英镑。CPC广告面向专业卖家开放，要使用商品推广进行推广，需要符合以下要求：一个声誉良好且有效的亚马逊账户；能够发货到世界各地；有效的信用卡；一个或多个可用分类下的商品信息；新商品；有"购买"按钮

值得一提的是，站内引流也有一个关键词优化思路的问题。对于关键词优化，建议新产品一开始先出高价做三周的自动广告，不要做任何的手动广告。自动广告是与关键词有关的。最少要等自动广告运行一两周收集数据整理后再做手动广告。转化率还不错的词可以考虑拿去做手动广告，也可以放到产品描述中。如果标题没有被锁定，也可以考虑放到标题里。有条件的话可以购买关键词工具，或者用谷歌关键词。通过这些工具去筛选长尾关键词，拿长尾关键词去做广泛匹配。但是，长尾词在某些类目的

产品很多的情况下不一定有曝光，甚至一些长尾词广告还要翻到第五页、第六页才能看见，出单的词基本都是掌握在少数卖家手里，因此长尾关键词适合产品少的小类目产品。

●站外引流与站内引流相结合——以亚马逊为例

网站推广一般都会分成两个部分，即站外引流和站内引导。将站外引流与站内引流二者相结合，是网站提升流量的最佳方式，正所谓"站内不够站外凑"。如果用公式来表示，就是"站外引流+站内引导=销量"。那么如何结合呢？亚马逊的流量来源分为站内流量和站外流量，站内流量就是客户自己要在亚马逊上找东西进而点开你的产品，站外流量就是通过脸谱或是YouTube等其他平台吸引顾客进入亚马逊的listing页面。下面就以亚马逊为例，来看看站内流量来源的影响因素（见表6—9）和站外流量来源的影响因素（见表6—10）。

表6—9　站内流量来源的影响因素

影响因素	解析
评价数量	对于老产品，产品销量对排位起着至关重要的作用。比如，一款老产品有50个浏览量，每天销量10，核心关键词排名在第10名，而同样一款新品有10个浏览量，每天销量15，核心关键词排名在20名。在其他因素相差不大情况下，产生这种原因的主要因素就是前者有50个浏览量，而后者没有
产品转化率	对于新产品，产品的转化率起着更加重要的作用。举例：A产品的页面浏览量是100，每天有20个订单，转化率是20%，而另一款同类产品B的页面浏览量是100，每天有10个订单，转化率是10%。一个月之后，A产品排上了首页B产品没有。由此证实，对于新产品转化率的权重更重要
关联推荐	亚马逊经常会把类似的产品放在一起做促销，被顾客同时购买或点击的产品出现在关联推荐的可能性越大。同时，卖家也可以把两款相关性很强的产品放在一起做促销，例如洗发水和头梳、手机和手机壳、车灯和防尘盖。如此一来，展示量变大，在控制好主图清晰、美观的情况下，产品流量也会显著增大

续表

影响因素	解　析
站内广告	在listing的表现良好的情况下，有效地投放广告可以把产品推送到前几页。顾客通过关键词搜索进来之后，往往不会去点击排名很靠后的产品，就像我们在淘宝买东西，很少会点开几十页去寻找一个产品。所以，合理恰当地投放PPC广告，会给Listing带来很多站内流量
秒杀活动	亚马逊平台目前可以自己直接从后台报秒杀，表现良好的listing会被推荐报秒杀活动。秒杀活动可以为listing带来意想不到的流量。但是秒杀活动需要付费才能参加，并且需要一定的库存量，同时对产品的折扣也做了要求。要求虽高，难度虽大，但是如果有合适的机会切记不可错过
变体引流	亚马逊会让有变体的listing排名更优。如果你有一款产品没有上变体，其他卖家相似的产品有变体，这时候亚马逊会将有变体的产品排到没有变体的产品的前端，因为产品属性相对多，顾客的选择性就会更多。同时变体也可以为整个listing带来更多的流量，因为顾客点击进入一个产品，往往会去看看其他的变体，这样既增加了其他变体的流量，也增加了产品页面的停留率
促销引流	在亚马逊上通过促销活动的推广，也能为卖家引来可观的流量。亚马逊平台有四种促销方式，分别为：免运费、满减、买一送一、额外礼物。实验表明，"满减"是促销中效果最好的一种方式，例如，A产品做满减活动，可以直接打八折销售；或者是对A、B做捆绑销售，可以买A后八折购买B产品；诸如此类的还有满多少钱立减多少、买两件打八折等等

表6—10　站外流量来源的影响因素

影响因素	解　析
YouTube营销	YouTube运营必须找视频达人合作才行，这样视频流量就有保障了。同时还建议和达人沟通，在发布视频的时候带上亚马逊产品的链接，甚至是折扣码，让有需求的用户进行选择。这些达人的回复一般都会很慢，因为会有很多人找他们合作。YouTube红人强大的粉丝基础会给产品带来巨大的流量
脸谱网营销	脸谱网营销属于关联运营，卖家要先花时间运营官方账号，做一些新品市场调查、产品赠送活动或者抽奖等互动来吸粉，再逐渐做引流工作。例如：粉丝互动活动、Page页速推或是广告投放等。需要的周期较长，但是引流效果较好

续表

影响因素	解析
推特营销	推特的用户有两亿多，其流量之大可见一斑。在推特上所推的文章，必须走心，抓住用户感兴趣的、关心的话题，同时也是你擅长的、能做的、精心组织的内容，做到你的每一篇推文都精益求精。那么，你的心肯定会被用户感知到的，如此一来，用户不仅愿意关注你，还会引发他的共鸣，进而转发分享
intagram营销	intagram是一款图片营销工具并且大部分用户是女性。女性感兴趣的健康美容、时尚、母婴产品很适合利用图片在instagram营销。图片质量，一定要清晰、有趣、好玩，能引起共鸣。推广时，卖家可以在这个平台上为自己寻找"品牌大使"，例如一些粉丝较多的美妆博主，可以与之合作，推广产品
pinterest营销	pinterest是偏图文的社交软件，所以对产品宣传图和广告策划能力要求较高，一般都是大品牌在上面做宣传，对亚马逊卖家来说运营难度较大，不太适合做入门，当然，还是要具体看自己的产品特点来定
博客引流	卖家自建博客，分别放一些自己的产品和别人的产品。通过软件直接读取slickdeal、fatwallet等网站的数据，伴随这些网站同步更新，慢慢地聚集粉丝和人气。还可以通过不同的博客站内投放文字、图片广告，按点击付费
谷歌广告	谷歌付费广告很烧钱，技术难度大，如果转化率没有控制好，大部分时候是烧钱的。只要会做站内PPC广告，大部分的站外广告也应该会做了。如果谷歌关键词营销做得成功，最好的效果就是打开谷歌搜索自己的品牌时，第一出现的是自己的官网，第二出现的是亚马逊

总而言之，在亚马逊平台上引入的流量越多，产品销量越多，越会得到亚马逊的青睐，排名就会越靠前，获得的亚马逊自然流量也就更多，重复购买的人数逐渐增加，这样又继续促进转化率的提高，形成良性循环，帮助卖家健康成长。

● 提升网站转化率的方法——内容为王

关于提升网站转化率，我们已经讨论了与转化率有关的自建网站中的网页设计技巧和使用网站访问者分析工具两个议题。在这里，我们着重讨

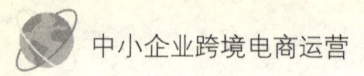

论一下通过运营优质内容来提升转化率的方法。

SEO优化中素有"内容为王,外链为皇"一说,"内容为王"由此而来。内容为王强调内容的原创性对网站的重要性,只要你的内容对用户来说是非常有价值的,你就能留住用户,赢得用户的尊重,同样也会赢得搜索引擎的信任。充分地利用好网站原创内容的价值,才能真正体现"王"的价值所在。

无论是一篇微信文章,还是一个网站页面,目标都是让用户按照你所预想的轨迹,点击、订阅,甚至购买你推介的产品。但是要怎么做才能提高内容的转化率,从而实现期望呢?下面结合案例展示几个可实际操作的技巧,如表6—11所示。

表6—11　网站优质内容运营方法

事　项	含　义
使用关键词	使用关键词的目的是想要吸引更多的注意力,并唤起读者的情感。碎片化阅读的时代,关键词的存在可以让用户第一时间快速筛选出对自己有用的文章。那么该如何确定关键词呢?建议遵循以下原则:选择符合自己实力的关键词;不选择流量太低的关键词;详细解剖关键词分析的过程;了解行业概况/行业关键词集合;关键词竞争性分析;关键词发展规划和流量预计;确定目标关键词
第一段要突出重点	针对不同内容的文章对其文体进行调整,可以快速吸引用户继续阅读和完成阅读:一是提取重要信息,在首段着重表达,这种方式注重效率,言简意赅,适用于传达信息、短平快类的文章;二是结构上从个人观点切入,由小及大,更显人情味,适用于故事性文章和深度文章。这两种写作方式可以更好地分辨任务的重要性,让读者短时间内增强对文章的记忆
用视觉代替文字	使用"目光聚焦"强调一个特定页面上的元素,比如结合大胆的颜色,这种视觉可执行度比文字链接强大许多。这一点在引导关注的时候体现得最为明显,因此要尽量避免用枯燥的语言去提出关注指示,而是用动态的图片去引导

续表

事 项	含 义
在引导中强化价值	一个标题，如果能够承诺帮助用户得到更多的权益，比简单地告诉他们怎样去做或者去使用更诱人。例如：你的内容是面向流程的，如"今天注册转换优化的课程"；也可以是价值，如"注册转换优化课程可以提高86%的优化能力"，前者描述了一个活动，后者描述出了活动创造了什么价值
力避含糊不清	标题中的数字能吸引用户，从而实现文章的转化，这也不失为一个妙计。比如"学习怎样在活动中增加大量粉丝"与"学习怎样在3场活动中增加10万粉丝"这两个标题，尽管它们传达了相同的概念，相信大多数人会选择第二个标题，原因很简单，因为它更具体，标题给出了确切的数字，而不是用"大量"这样模糊的概念
用问题引导读者	问题是作家最常使用的武器，他们很擅长于转化型写作，因为他们会架构出一个问题，并且给予读者足够的空间响应。好的问题，能够让读者有一种看到问题就迫不及待想点开的欲望，而一旦引发好奇心，那么转化就是分分钟的事情了
"斗链式"的写法	文案中有一种被称为"斗链式"的写法，这种写法旨在打破一个想法，然后转化到多渠道上，以此保持读者的兴趣。例如"我这辈子用过的最好的口红其实是……"，打开全文后讲的是"某某麻辣烫"。一些公众号单凭此招数，就拿下了不少于10W+的粉丝。此法简单奏效，但是"梗"要转得好，不然就只剩满屏的尴尬
引用权威	人们总是会追随权威人物，跟其他人相比，会更加相信权威们的判断。因此，可以通过引用权威人物的方式，在文章中利用这个说服原则
有效地使用术语	有一些术语的使用会让用户想睡觉，然而在某些情况下，一个强有力的理由可以有效地发挥术语的作用。例如，经常使用"UGC、KOL、KPI"等，不仅作为一种速记方法，也同时证明了你了解营销

让用户找到自己想找的东西，从网站上获取有价值的资料是跨境电商自建网站存在的基础，因此必须坚持"内容为王"这个网站的根基！为此，运营优质内容，可以强化访客对用户的黏连度并使之保持持续关注，不间断的优质内容提供与分享会像"蝴蝶效应"般促动网站全方位的发展。

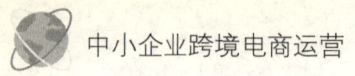

7.支付结算：跨境人民币结算

做跨境电商，收款通道是必须要考虑的一个问题。现在，跨境人民币结算已经成为了许多跨境电商会采用的收款通道。跨境人民币结算是指在跨境交易中直接使用人民币进行结算，下面就来讨论跨境人民币结算的特点、优势、业务办理、清算模式及参与的银行等问题。

●跨境人民币结算的特点与优势

跨境人民币结算有以下几个特点，如表6—12所示。

表6—12　跨境人民币结算的特点

序号	内　容
1	结汇成本较低，因为跨境人民币结算走的是正规通道，能够节省一定的时间成本
2	对接流程方便，卖家在店铺后台基本能清楚看到每一笔交易的结算情况
3	灵活性较好，结算时间可灵活性调节
4	相对于其他结算通道而言，它的风险控制系统较为完善

采取跨境人民币结算可为企业带来许多好处，因为选择跨境人民币结算有以下三大优势，如表6—13所示。

表6—13　跨境人民币结算的三大优势

优势	分析
政策支持	跨境人民币结算政策框架日益完善：进出口企业或其他涉外企业均可选择以人民币进行计价和结算；以人民币进行跨境直接投资更加便利；人民币形式的对外负债（如延期付款、预收货款、银行保函等），不占外债指标
风险可控	有助于控制汇兑成本，降低企业运营风险：有效规避人民币与其他外币间的汇率波动而带来的损失；人民币币值相对稳定，有利于双方锁定交易成本，获得稳定预期收益
管理更优	便于境内公司进行财务安排和资金调拨：拓宽供销渠道；简化行政手续，加快结算速度；企业可将出口人民币收入存放境外；可进行人民币贸易融资，加快资金周转

●跨境人民币结算的业务办理

我们讨论的跨境人民币结算业务主要针对中小企业，至于个人在这方面的业务本文不予讨论。中小企业的首次办理不可忽视，另外与中小企业有关的还有境外投资和境内机构。下面对企业及境外投资、境内机构的跨境人民币业务办理流程和注意事项做一简单说明。

企业首次办理跨境人民币业务，需要在人民币跨境收付信息管理系统中激活企业信息。业务办理流程和注意事项如表6—14所示。

表6—14　企业首次办理跨境人民币业务的流程和注意事项

流　程	注意事项
一、准备相关资料，主要包括企业信息情况表、营业执照副本、组织机构代码证，以及人民银行要求提供的其他材料。 二、提出业务申请，将上述资料提交银行。 三、完成信息激活。银行复核通过后，留存企业信息表等资料，在人民币跨境收付信息管理系统中激活企业信息	一、企业应提供真实有效的信息资料，并由银行将企业信息完整录入人民币跨境收付信息管理系统。 二、企业办理对外直接投资人民币业务或外商直接投资人民币业务还需进行对外或对内直接投资合规性信息登记

境外投资者以人民币来华进行投资的业务属于资本项下跨境人民币业务。业务办理流程和注意事项如表6—15所示。

表6—15　境外投资者办理跨境人民币业务的流程和注意事项

流　程	注意事项
一、境外投资者设立外商投资企业需经过商务主管部门的批准，并获得《外商投资企业批准证书》，经工商管理部门办理《企业法人营业执照》，再到企业注册地人民银行分支机构办理对内直接投资合规性信息登记。已登记外商投资企业发生名称、经营期限、出资方式、合作伙伴及合资合作方式等基本信息变更，或发生增资、减资、股权转让或置换、合并或分立等重大变更的，应当将上述变更情况报送注册地人民银行分支机构 二、境外投资者向银行提交国家有关部门的批准或备案文件等有关材料后，银行应当进行认真审核，登入人民币跨境收付信息管理系统查询有关信息后，方可办理外商直接投资人民币结算业务 三、外商投资企业按照《人民币银行结算账户管理办法》等银行结算账户管理规定，向银行提交营业执照等材料，申请开立人民币银行结算账户。境外投资者汇入的人民币注册资本或缴付人民币出资应当按照专户专用原则，开立人民币资本金专用存款账户存放，该账户不得办理现金收付业务	境外投资者以人民币并购境内企业设立外商投资企业的，被并购境内企业的中方股东应当按照《人民币银行结算账户管理办法》等银行结算账户管理规定，申请开立人民币并购专用存款账户，专门用于存放境外投资者汇入的人民币并购资金，该账户不得办理现金收付业务

境外直接投资人民币结算业务是指境内机构经境外直接投资主管部门核准，使用人民币资金通过设立、并购、参股等方式在境外设立或取得企业或项目全部或部分所有权、控制权或经营管理权等权益的行为。境内机构在获得境外直接投资主管部门的核准证书后，到人民银行办理对外直接投资合规性信息登记，即可到银行办理相关业务。境内机构的业务办理流程，如表6—16所示。

表6—16 境内机构跨境人民币业务办理流程

序号	内 容
1	境内机构经境外直接投资主管部门核准，颁发《境外投资批准证书》
2	境内机构到人民银行办理对外直接投资合规性信息登记
3	境内机构在外汇局办理前期费用汇出或境外直接投资登记手续后，到银行办理人民币资金汇出或前期费用人民币资金汇出
4	境内机构因境外投资企业增资、减资、转股、清算等人民币收支，可以凭境外直接投资主管部门的核准文件到银行直接办理人民币资金汇出入手续

●跨境人民币结算的清算模式

据《跨境贸易人民币结算试点管理办法》及《境外机构人民币银行结算账户管理办法》的有关规定，跨境贸易人民币结算可以通过境外清算行，也可通过境内代理行代理境外参加银行进行人民币资金的跨境结算和清算，还可以通过人民币NRA账户进行清算。这就是社会上广为流传的所谓的跨境人民币结算的"清算行"模式、"代理行"模式和"人民币NRA账户"模式，如表6—17所示。

表6—17 跨境人民币结算的三种清算模式

模式	解 析
"清算行"模式	最初的跨境人民币结算"清算行"模式是面向在香港和澳门地区的清算行开立了人民币同业清算账户的境外参加行及境外参加行的客户的。在这一模式下，人民币业务的境外"清算行"一方面被授权与自愿接受清算条件和安排的境外商业银行（不仅限于港澳地区）即"境外参加行"签订人民币业务清算协议，为这些境外参加行开立人民币账户，并按协议为其办理人民币拆借和清算业务；另一方面，与人民银行的现代化支付系统相连接，按照中国人民银行有关规定从境内银行间外汇市场、银行间同业拆借市场兑换和拆借资金。与境内人民币市场建立人民币流通、清算的渠道。于是参与跨境贸易人民币结算的境外企业就可以向境外参加行或直接向境外清算行提出人民币结算申请，并由清算行最终完成结算业务。典型的"清算行"模式的主要特点为，境外参加行在清算行开立人民币账户，在整个清算链条中，处于至关重要的跨境环节即人民币资金在境外清算行和境内结算行间的转移，是通过CNAPS系统完成的

续表

模式	解 析
"代理行"模式	这是更为广泛和流行的国际贸易结算模式。境内具备国际结算业务能力的商业银行作为"境内代理行",通过与"境外参加行"签订《人民币代理结算清算协议》,代理境外参加行进行跨境贸易人民币结算支付。具体而言,境内代理行可为境外参加行办理的业务包括:开立人民币同业往来账户;对上述账户的开立设定铺底资金要求.并为铺底资金提供兑换服务;在中国人民银行规定的限额内购售、拆借人民币以满足人民币结算需要;按照中国人民银行规定的额度和期限要求。进行人民币账户融资以满足账户的临时性、流动性的需求。这样境外参加行接受当地企业的人民币结算申请后,可以按代理清算协议,委托境内代理行为其提供人民币资金清算服务。这一清算模式的主要特点为:境外参加行在代理行开立人民币账户,在整个清算链条中,处于至关重要的跨境环节即人民币资金在境外参加行和境内代理行间的转移是通过SWIFT完成的
"人民币NRA账户"模式	所谓NRA,即境内非居民账户（Non-Resident Account,简称NRA账户）,经人民银行当地分支机构核准,境外企业可申请在境内银行开立非居民银行人民币结算账户,直接通过境内银行清算系统或人民银行跨行支付系统进行人民币资金的跨境清算和结算。这一清算模式的主要特点是:境外客户跨境在境内银行开立人民币账户,而整个银行间清算链条完全处于境内,清算环节少,手续简便,如境内客户与境外客户在同一家境内结算银行开户,则在该行系统内转账即可完成清算。从纯清算技术方面而言,这方面无须过多讨论

其实无论是"清算行"模式,还是"代理行"模式,其实质都是通过银行间同业存款账户完成清算,无论使用何种模式,境外参加行总是存款人或申请开户人（Depositor 或称 Account holder）,而由境外清算行或境内代理行担任接受存款银行或开户银行（Depository Bank 或称 Account with bank）。"清算行"模式的实质是将接受存款的银行前移至境外。显而易见的是,所谓"清算行"模式并不具备普遍意义。相比之下,"代理行"模式则具有一定的优势,这已经成为了成熟的国际结算货币广泛使用的清算方式。境内各大商业银行均建立了跨境人民币清算中心,可采用"代理行"模式进行跨境人民币清算。采用"代理行"模式不存在中转费用,汇款金额将

原额贷记或借记境外参加行的账户；"代理行"模式办理跨境人民币汇出汇款业务境内中国银行其他机构的汇款报文不通过人民银行 CNAPS 系统处理，因此无须向人民银行缴纳费用。

●参与跨境人民币结算的银行分类

在跨境贸易人民币结算的过程中，商业银行提供最为关键的人民币跨境支付清算渠道，需要境内银行和境外银行通过合作完成。所有参与跨境人民币结算的银行可分为以下四类，如表6—18所示。

表6—18　参与跨境人民币结算的银行分类

银行分类	情况介绍
境外清算银行	经境外当地金融管理当局认可，并由中国人民银行授权的进行境外人民币清算业务的境外商业银行。境外清算行与境外参加银行签订人民币代理结算协议，为其开立人民币同业往来账户，代理境外参加银行进行跨境人民币收付清算。经香港金融管理局、澳门金融管理局、老挝国家银行、台湾金融监督管理委员会和台湾中央银行、新加坡金融管理局分别认可，中国人民银行已先后授权中国银行（香港）有限公司、中国银行澳门分行、中国工商银行万象分行、中国银行台北分行和中国工商银行新加坡分行担任境外人民币清算行。其中最先成为清算行的中国银行（香港）有限公司和中国银行澳门分行已加入中国人民银行中国现代化支付系统（CNAPS）
境内代理银行	境内具备国际结算业务能力的商业银行，可以与境外参加银行签订人民币代理结算协议，为其开立人民币同业往来账户，代理境外参加银行进行跨境人民币收付；同时也可直接为客户（公司或金融机构）提供跨境人民币结算和融资服务
境内结算银行	境内具备国际结算业务能力的商业银行，遵守跨境人民币结算的有关规定，可以为境内客户提供跨境人民币结算和融资业务。如境外参加银行未在该银行开立人民币同业往来账户，其跨境人民币清算需委托境内代理银行或境外人民币清算行进行资金清算
境外参加银行	为境外客户（公司或金融机构）提供跨境人民币结算或融资服务的境外银行，在境内代理银行或境外人民币清算行开有人民币清算账户

需要指出的是,境外人民币清算行也可充当境外参加行的角色,为境外客户(公司或金融机构)提供跨境人民币结算或融资服务。同样,境内代理行也可以充当境内结算银行的角色,为境内客户提供跨境人民币结算和融资业务。

第七章

跨境电商卖家不容忽略的税务问题

跨境电商相比国内电商复杂性高很多,其中税务问题也涉及两个或多个国家,复杂程度更高,因此税务问题不容忽视。为了做到合法化、正规化操作,本章主要讨论这样几个议题:跨境电商卖家必知的出口退税,目的国家进口缴纳的进口税金,目的国家的售后增值税VAT,跨境电商税收征管路径选择。相信一定对跨境电商卖家有所帮助。

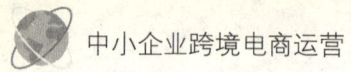

1.跨境电商卖家必知的出口退税

随着跨境电商物流的发展,很多跨境B2C的卖家开始使用海外仓储的服务。头程使用海运或空运派送,都是以一般贸易清关的,这种方式在符合出口退税条件下是可以退免税的,所以正在做海外仓的中小卖家也需要关注起来。下面将介绍跨境电商出口退税的相关事宜。

● **什么是出口退税**

出口退税是指对出口货物退还其在国内生产和流通环节实际缴纳的增值税、消费税。出口货物退税制度,是一个国家税收的重要组成部分。出口退税主要是通过退还出口货物的国内已纳税款来平衡国内产品的税收负担,使本国产品以不含税成本进入国际市场,与国外产品在同等条件下进行竞争,从而增强竞争能力,扩大出口的创汇。

出口退税有两个方法:其一,对外贸企业出口货物实行免税和退税的办法,即对出口货物销售环节免征增值税,对出口货物在前各个生产流通环节已缴纳增值税予以退税;其二,对生产企业自营或委托出口的货物实行免、抵、退税办法,对出口货物本道环节免征增值税,对出口货物所采购的原材料、包装物等所含的增值税允许抵减其内销货物的应缴税款,对未抵减完的部分再予以退税。

●跨境电商 B2C 的出口退税

国家对通过一般贸易方式出口的货物可以按规定办理退（免）税，目前跨境电商卖家适用的情形可包括：海外仓头程（海运/空运/快递）发货；FBA 头程（海运/空运/快递）发货；国际快递发货。

不同货物的退税率不同，主要有 17%、14%、13%、11%、9%、5% 等六档退税率。合理利用出口退税，可有效降低成本，提高毛利。一般跨境电商的热销品的退税率都在 11%—17% 之间。

外贸企业的应退税额＝增值税专用发票所列进项金额 × 退税率（采购发票上的税率和国家规定退税率的较低者）。生产企业的出口货物增值税"免、抵、退"计算方法相对外贸企业更复杂一些，具体如下：免，即生产企业出口的自产货物免征本企业生产销售环节增值税；抵，即生产企业出口的自产货物所耗用的原材料、零部件、燃料、动力等所含应予退还的进项税额，抵顶内销货物的应纳税额；退，即生产企业出口的自产货物在当月内应抵顶的进项税额大于应纳税额时，对未抵顶完的部分予以退税。

●出口退税需准备的材料、资格、形式与流程

出口退税需要的资料，包括采购合同、采购增值税专用发票、装箱单、代理报关委托书、报关单、销售合同、出口发票、形式发票、物流提运单以及结汇水单或收汇通知书。如果产品需要商检，还需要提供产品的商检单。

有两类企业可以做出口退税：一是有工商登记（营业执照）、税务登记、对外贸易经营者备案的外贸企业或者生产企业；二是有工商登记（营

业执照）、税务登记、无外贸易经营者备案的生产企业。

退税有三种形式：一是出口免税并退税，指货物在出口销售环节不征增值税，对货物在出口前实际承担的税收负担，按规定的退税率计算后予以退税；二是出口免税不退税，指货物在出口销售环节不征增值税，而且因为这类货物在前一道生产、销售环节或进口环节是免税的，因此出口时该货物的价格中是不含税的，也无须退税；三是出口不免税也不退税，出口不免税是指国家限制出口的某些货物在出口环节视同内销，照常征税，出口不退税是指对这些货物不退还出口前实际负担的税款。适用这个政策的主要是税法列举限制出口的货物。

出口退税流程如下：

一、有关证件的送验及登记表的领取。企业在取得有关部门批准其经营出口产品业务的文件和工商行政管理部门核发的工商登记证明后，应于30日内办理出口企业退税登记。二、退税登记的申报和受理。企业领到"出口企业退税登记表"后，即按登记表及有关要求填写，加盖企业公章和有关人员印章后，连同出口产品经营权批准文件、工商登记证明等证明资料一起报送税务机关，税务机关经审核无误后，即受理登记。三、填发出口退税登记证。税务机关接到企业的正式申请，经审核无误并按规定的程序批准后，核发给企业"出口退税登记"。四、出口退税登记的变更或注销。当企业经营状况发生变化或某些退税政策发生变动时，应根据实际需要变更或注销退税登记。

新规出现之前，外贸电商从业者基本是小型公司，退税方面面临诸多问题：退税流程复杂，沟通专业，耗时耗力；监管机构审核严格，办理周期长、时间成本高；企业需要招募、培养相关专业人员，人力成本高。新规出台后，跨境电商企业可以将退税业务外包专业服务平台，可以提升退税操作效率，同时公司也不必为了办理退税做专门的人员配置和培养。

●出口退税货物应具备的条件及免税条件

出口退税货物应具备如下条件：必须属于增值税、消费税征税范围的货物；必须是报关离境的货物；必须是在财务上做销售处理的货物；必须是出口收汇并已核销的货物。

如果电子商务出口企业出口货物，不符合上述退（免）税条件的，但同时符合三个条件，可享受增值税、消费税免税政策。这三个条件是：电子商务出口企业已办理税务登记；出口货物取得海关签发的出口货物报关单；购进出口货物取得合法有效的进货凭证。如出口企业只有税务登记证，但未取得增值税一般纳税人资格或未办理出口退（免）税资格认定，以及出口货物报关单并非出口退税专用联次，购进货物出口时未取得合法凭证等，应当享受免税政策。

2.目的国家进口缴纳的进口税金

跨境电商在货物进口时,需要提供清关主体清关,清关后需要缴纳进口税金。下面将介绍目的国家进口缴纳进口税金的相关事宜。

●什么是进口税

进口税是进口国海关在外国商品输入时,对本国进口商征收的关税。进口税通常是外国商品进入关境,在办理海关手续时根据海关税则征收。

世界各国的关税中主要是进口税,中国征收的关税也主要是进口税。对任何一个国家来说,征收进口税,可以提高外国进口商品的价格,削弱进口商品在国内市场的竞争能力,达到减少或限制外国商品的进口,进而保护本国商品的生产和经济的发展。

●各国关税起征点

跨境电商从业者都关注各国关税起征点的问题,我们为大家整理了关于常用目的国家的关税起征点及增值税和关税的算法,如表7—1所示。

表7—1 跨境人民币结算的特点

国 家	关税起征点及增值税和关税的算法
英 国	税率起征点为15英镑(22欧元);关税起征点为135英镑;综合关税的组成是,VAT(增值税)+DUTY(关税)+ADV(清关杂费),其中,VAT=(货值(向海关申报)+运费+DUTY),DUTY(关税)=货值×产品税率

续表

国 家	关税起征点及增值税和关税的算法
美国	关税起征点为200美元；综合关税的组成是DUTY（关税）+ADV（清关杂税），其中DUTY=货值×税率
澳洲	关税起征点为1000澳币；综合关税的组成：DUTY+GST+ADV（清关杂费），其中，GST=VAT（货值（向海关申报）+运费+DUTY）×10%，DUTY=货值×税率
欧盟	关税起征点为22欧元；综合关税的组成是VAT=货值（向海关申报）+运费+DUTY）×19%，其中DUTY=（货值+运费70%）×产品税率
俄罗斯	关税起征点为1万卢布
拉丁美洲	关税起征点为50美元，高于美元50元的包裹容易遗失
日本	关税起征点为130美元（日币13542元）
新加坡	关税起征点为307美元（新币387元）
巴西	关税起征点为46美元（109.7里尔）
新西兰	关税起征点为308美元（包括运费）

这里做两点补充说明：一是基础税率/WTO税率，二是优惠税率。

关于基础税率/WTO税率，这里WTO指MFN（最惠国）税率，某国的来自于其最惠国的进口产品享受的关税税率。订有双边或多边贸易协定的国家采用，最惠国待遇是关税和贸易总协定中的一项重要条款，按此条规定，缔约国双方相互之间现在和将来所给予第三国在贸易上的优惠、豁免和特权同样给予缔约对方，体现在关税上，即为最惠国税，这种形式的关税减让是互惠的。现在世界贸易组织成员国之间的贸易都适用最惠国税率，最惠国税率是正常的税率。一般来说，普惠制以及自贸区的优惠关税是在WTO关税的基础上进行关税减免的。基础税率：东盟的部分国家的优惠安排中，作为优惠基数核和起点的关税。

优惠税率是指对来自特定受惠国的进口货物征收的低于普通税率的优惠税率关税。优惠关税一般是互惠的，通过国际间的贸易或关税协定，协定双方相互给予优惠关税待遇；但也有单方面的，给惠国给予受惠国单向的优惠关税待遇，不要求反向优惠，如普惠制下的优惠关税；世贸组织实行多边的普遍最惠国优惠关税，任一缔约方给予所有缔约方。目前优惠关税包括两种。一是普惠制优惠幅度，是发达国家向发展中国家提供的一种优惠税率，它是在最惠国税率的基础上进行减免，因而是最低税率，是单向的、非互惠的税率。包括欧盟、日本、加拿大、挪威、瑞士、澳大利亚等国家。二是自贸区优惠幅度，是由优惠贸易安排和自由贸易区等形式出现的区域贸易安排，在这些区域内部实行的一种比最惠国税率还要优惠的"优惠制"税率，是世界贸易组织最惠国待遇原则的例外情形之一。包括东盟国家、亚太协定国家、巴基斯坦、智利、秘鲁、新西兰等国家。

最后强调一点：跨境电商如火如荼，为了以后公司长远发展，就一定要做到合法化、正规化操作。如何将税务合法化、正规化？出口退税＋目的国税金正常缴税才是合法正规的唯一途径。以英国为例，缴纳销售增值税会增加成本，降低产品的竞争力，出口退税却可以获得政府费用支持，降低成本。出口退税是政府鼓励出口的象征，将出口退税和目的国家缴纳销售增值税相结合，可有效控制成本，同时也有实现合法化、正规化的路径。

3.目的国家的售后增值税VAT

VAT 即 Value Added Tax/ADVALOREMtax，增值税，欧盟的一种税制，这是欧盟国家普遍使用的售后增值税，也是指货物售价的利润税，即购物时要另加税，是根据商品的价格而征收的（类似于国内的增值税）。下面将介绍目的国家的售后增值税 VAT 相关事宜。

●什么情况下缴税 VAT

当货物进入英国，按欧盟法例，货物要缴纳进口税；当货物销售后，商家可以退回进口增值税，再按销售额交相应的销售税。

VAT 适用于在英国境内产生的进口、商业交易及服务行为。同样适用于那些使用海外仓储的卖家们（比如亚马逊、eBay 卖家），因为他们的产品是从英国境内发货并完成交易的。货物在销售时已经在英国当地，货物并非由英国买家（顾客）个人进口进入英国。即：使用英国仓储服务的商家，依法都要缴纳 VAT。

非欧盟成员国的卖家，只要你的商品的最后一程投递是从欧盟发出的（比较贴切的案例就是使用欧盟仓储的中国卖家），即你的货物存放在欧盟哪国的仓储，你就需要注册哪国的 VAT 并按时申报，及时缴纳税款。

● 如何计算 VAT

进口税金 = 关税 + 进口增值税关税 = 货物申报价值 × 关税税率

进口增值税 =（申报货值 + 头程运费 + 关税）× 增值税率销售增值税 = 销售增值部分 × 增值税率

VAT 的税率有三种：一是 20% 的标准税率（适用于绝大多数商品和服务）；二是 5% 的低税率（比如家庭用电或者汽油等）；三是 0% 的税率（适用于极个别情况）。

● 注册 VAT 的方式

如果做欧洲的 FBA 或者海外仓，都应申请 VAT。商家在采用英国仓储服务开展跨境电商业务，可以选择在英国注册成立公司，以该公司申请注册 VAT，亦可以以境外商业机构或者个人名义申请注册英国 VAT，就其在英国销售货物或提供劳务进行申报及缴纳税金。

在英国注册公司，注册 VAT，开具银行账户。其优势一是商家在平台上收取的英镑可直接提现至当地银行账户，二是正规化运作，提高品牌知名度及公司信用。劣势在于成本费用增加，涉及运营成本（办公费用、人工费用）、会计税务服务（账务记录、税务申报以及公司年检）。

以非英国商业机构注册 VAT，其优势是成本费用简单，无须专人在英国，当地运营成本低，无须提供会计报表，无须进行公司年检。劣势在于品牌效应不及当地注册公司，业务发展壮大之后亦可能受限。

● VAT 号码的使用

作为使用海外仓储的卖家，会在两个环节使用到 VAT 号码，分别对应进口税和 VAT 销售增值税。这是两个独立缴纳的税项，在商品进口到欧盟时你缴纳过商品的进口税，但在商品销售时产生的销售增值税 VAT 也需要缴纳。

需要注意的两点是：第一，当进口税与销售税缴纳使用同一个 VAT 税号时，进口增值税部分可退回，因为增值税仅针对增值部分缴税；第二，当同一个平台有多个账号并同时绑定同一个 VAT 税号时，将产生账号关联的风险。

4.跨境电商税收征管路径选择

我国跨境电商发展较为迅猛,这就需要政策层面采取有效的应对措施。应积极关注我国跨境电商对税收的影响,尽快制定出适合我国电商发展的税收政策,并加强对跨境电商的征管工作。

●跨境电商给税收管理带来的挑战

作为一种新兴的贸易形式,跨境电商给我国税收管理带来了一定的挑战,具体表现在以下几个方面,如表7—2所示。

表7—2 跨境电商给税收管理带来的挑战

挑战	分析
对现行税收制度的挑战	现行的税收制度是依据纳税人、征税对象、计税依据、纳税地点等要素制定的。而跨境电商作为一种新型的商业贸易方式,具有国际化、无纸化、虚拟化等特点,其交易主体、地点和时间比较隐蔽甚至容易更改,这使得在适用税收制度时,很难确定跨境电商的征税主体、纳税人、纳税期限、纳税地点等,这些问题使得我国现行税收制度的执行受到一定程度的影响与冲击
对当前税收征管的挑战	首先,在电子商务状态下,对于税收管辖权的实施将越来越困难,因而税收管辖权应遵循的原则和适用的方式,是否需要改变、如何改变,是税务征管中要面对的挑战。其次,征税行为发生地如何规定存在争议,是以纳税主体所在地或是注册登记地,还是以商品交易行为发生地,或是以交易服务器所在地确定,在实际征管时很难把握。此外,跨境电商的电子交易过程并不经过海关审查程序,直接影响我国税收管理制度的调整和完善。跨境电商对于税源管理和代扣代缴方式的采用、税务日常管理和税务案件稽查等都有很大的影响

续表

挑 战	分 析
对税收利益国际间合理分配的挑战	在传统的贸易模式下，各个国家在发展贸易的过程中进行了长期的竞争与合作，从而各国普遍认可的税收利益分配格局和基本准则已经基本建立。但跨境电商的发展不仅对传统贸易形式产生冲击，同时也对现行的国际税收利益分配格局产生一定的影响，税收利益出现向产品生产地倾斜的情况，导致产品消费地对跨国公司经营所得、个人独立劳务所得和特许权使用所得等征税权的缩小

●跨境电商税收应对措施的路径选择

面对上述挑战，国家对跨境电商的税收应该采取积极的应对措施，其具体的政策路径有以下几个，如表7—3所示。

表7—3 国家对跨境电商税收的路径

路 径	实施建议
加快税收立法	我国现行税收法律法规还没有涵盖电子商务，而现行税法是建立在有形交易基础之上的，它无法完全解决电子商务的税收问题。因此，加快电子商务的税收立法，对规范和促进电子商务在我国的发展有着十分重要的意义和作用
改革现行税制	扩大增值税、营业税、所得税的征管范围；对现行税收要素进行适当的补充和调整；逐步从现在的双主体税制结构转向以所得税为主体的税制
建立征管机制	建立专门的电子商务税务登记制度；建立电子报税制度；使用电子商务交易专用发票；确立电子账册和电子票据的法律地位；强化对电子商务的税收稽查
加强国际交流	电子商务这一贸易形式具有全球化、网络化和开放化的特点，电子商务交易活动也具有高流动性和隐匿性，适用于传统贸易形式的税务征管系统获取交易信息的能力大大减弱，由此也更容易引发许多国际税收问题。这就需要加强国际间信息交流，在税收征管和稽查过程中相互配合、紧密合作，有效控制纳税人通过跨境电子商务活动偷逃税，切实保障国家税收利益

续表

路　径	实施建议
形成协税网络	税务机关要与网络技术部门合作，研究解决电子商务征税的技术问题，加强与金融、海关、电信等部门的沟通和联系。要加强电子商务的税收管理，还要培养一批既精通经济税收专业知识又精通电子商务的复合型高素质人才，联合工商、海关、银行等，选择条件较为成熟的领域进行试点，从技术角度探索电子商务征税的解决方案，对电子商务交易如何进行跟踪、监管、征税等问题进行分析和研究

第八章

加强知识产权治理，
是未来跨境电商的关键

有的跨境电商企业不重视知识产权，结果不是因为侵权而导致店铺关闭、账户资金冻结或者罚款，就是因为被侵权而使自己的利益遭受损失。跨境电商企业要想做长久生意，既要避免侵犯他人的知识产权，不要触碰知识产权这个雷区，又要防止被他人侵权，增强品牌意识及知识产权自我保护能力。加强知识产权治理，是未来电商的关键！处理好知识产权侵权这种原则性问题，才能让企业的进出口贸易顺利地"过关"。

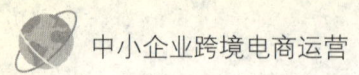
中小企业跨境电商运营

1.跨境电商知识产权治理的困境及成因

跨境电商企业要想让自己的进出口贸易顺利地"过关",就必须加强知识产权治理。为此,首先要清楚地看到当前知识产权治理面临的困境,并对照自身分析成因,为知识产权治理打下思想基础。

● **跨境电商知识产权治理的困境**

伴随着跨境电商业务的"井喷",跨境电商涉及的知识产权呈现出错综复杂的趋势。从内容上看,跨境电商涉及的知识产权问题越来越广泛,包括专利、版权、商标、商业秘密、地理标志等各种类型,并引发数据库、计算机软件、网络域名、不正当竞争等问题;从服务形式上看,跨境电商中的知识产权问题涉及各类行业,不仅触及服务贸易,更牵扯到货物贸易,既可以有形货物形式存在,也可以无形商品方式交易;从跨境法律扩张力上看,既有因出口而导致境内知识产权的域外冲突,也涉及因进口而出现境外知识产权的域内冲突;从主体关系上看,不仅跨境电商供应方(卖方)和需求方(买方)之间或直接或通过中介平台间接发生交易关系,而且其交易主体也可能具有多种知识产权角色。

基于这些复杂情形,知识产权纠纷层出不穷,主要涉及假冒和盗版问题,其中既有简单明确的知识产权侵权问题,如销售山寨产品,也有复杂的、只能经过司法机关裁决的争议较大的疑难问题,如跨境电商商品的平

第八章 加强知识产权治理，是未来跨境电商的关键

行进口问题、知识产权责任分担问题等，还有知识产权权利人商业策略的应用问题，譬如利用诉讼进行知识产权管理，甚至也为"知识产权流氓"提供了机会，如恶意知识产权代理公司利用虚假投诉骚扰勒索淘宝商家等，都增加了跨境电商知识产权治理的难度，也产生了治理的困境。

一方面，政府尤其是海关已在跨境电商方面积极努力推动知识产权保护，但知识产权侵权现象仍比较严重。《2016年中国海关知识产权保护状况》显示，2016年全国海关共采取知识产权保护措施1.95万余次，涉及货物4205.82万余件。其中依职权主动查扣约占全年扣留批次总数的99%，扣留的出口侵权嫌疑商品占98.95%；查扣的货物涉及商标专用权、专利权、著作权等知识产权类型，其中涉及涉嫌侵犯商标权占98.56%。与此同时，跨境电商中假冒侵权者数量仍比较庞大，仅阿里巴巴集团在2016年2月—2017年2月期间就清退"全球购"涉假卖家多达3万家。

另一方面，中国知识产权保护意识不断地提升，专利授权量、商标申请等已连续多年位居世界第一，但中小跨境电商知识产权治理水平不足。作为良好风险管理计划的一部分，电子商务企业必须为权利审批（如获取权利、许可、内部创设、咨询安排等）和一般性遵守现有知识产权法律提供足够的资源，然而中小跨境电商企业或因为意识或因为跨境的复杂性而忽略。譬如，亚马逊网站强制下架可能侵权的各类中国平衡车产品，涉及的中国跨境电商出口企业处理境外纠纷渠道不畅，大量产品境外积压无法处置。

此外，境内外跨境电商平台巨头不断加强知识产权自治，但这种自治措施和效果易引发质疑。最为典型的是阿里巴巴集团，多年来在积极促进跨境电商发展的同时，努力采取各种知识产权保护措施，并不断完善知识产权侵权处理规则，建立打假联盟、联合国内外执法机构加大查处假冒商品力度、定期曝光知识产权黑名单、发布大数据打假地图等。然而，美国

贸易代表办公室（USTR）并不完全认可阿里巴巴的举措，2016年12月再次将其列入《特别301报告》的"恶名市场"之中。与此同时，境外跨境电商巨头如亚马逊，对可能涉嫌知识产权争议的中国跨境出口商品严格采取强制下架处理，没有给予出口商足够的抗辩渠道和知识产权措施的合理尺度，使得知识产权容易异化为恶性商业竞争的策略手段，阻碍了跨境电商的发展。

可见，跨境电商的发展与知识产权保护有时并不同步，甚至出现背离的困境。为此，需要理顺这种困境的成因，进而寻求解决方法。

●跨境电商知识产权治理困境的成因

归纳起来看，跨境电商知识产权治理困境主要源于根源性、现实性和理念性等多方面的原因。下面逐一予以解析：

根源性原因是电子商务跨境需求与知识产权地域性保护之间的冲突。

知识产权最典型的特征是地域性，其通过法律的确认和保护才得以产生和发展，并自诞生之日起就遵循着属地主义原则，即依照本法域的法律建立和维护相应的知识产权体系，这本身也是一国主权的基本要求和体现。基于此，不论是同一国家还是不同国家涉及的跨越法律地域（专业术语为"跨法域"），除非有地区协作或国际公约规定，否则该法律所在地域的知识产权在地域之外无法得到保护。然而，伴随着电子商务中知识产权产品的跨关境、跨法域流动，智力成果自然也有向外要求保护的扩张需求，也就是跨境电商出口中本国知识产权产品在境外有知识产权保护的需求，以及跨境电商进口中境外知识产权产品在本国境内也需要知识产权保护，从而与知识产权地域性特征产生冲突。

对于这种根源性原因，有学者提出，互联网和其他新的通信技术的引入已经大大削弱或慢慢瓦解着传统知识产权保护的地域性。但在实践中，

第八章 加强知识产权治理，是未来跨境电商的关键

只要知识产权源于主权国家法律而创制的前提没有改变，跨境电商发展与知识产权地域性保护之间的冲突就不能完全消除。譬如，国内外在类似领域都注册了相同或近似的商标，一旦商标产品跨境销售，就会引发跨境电商侵权问题；又如，以网购、海外代购模式为代表的进口跨境电商发展迅猛，相当一部分商品为国内加工贸易企业生产，对加工贸易产品知识产权的保护是否必须符合委托方国家法律规定，实践中也因为这种冲突而存在争议。不仅如此，跨境电商交易环节涉及的关境、法域越多，这种冲突越显得复杂。

除了有形货物跨境电商中会遇到知识产权地域性困境外，无形商品或作为服务贸易活动的跨境电商，也可能因为知识产权的地域性而出现跨境电商方面多法域法律的管辖冲突或者法律监管的漏洞。比如技术贸易、版权作品跨境电子化传输、跨境软件服务等无形商品的跨境流动，就容易出现侵权行为地、损害后果较难界定、损害传播速度较快、责任方认定和执行难等问题，使得跨境电商缺乏知识产权方面域外法律的支持和保护，从而加深了这种根源性冲突。

再来看现实性。现实性原因是技术创新发展迅猛与制度滞后、国际协调不足之间的矛盾。

技术迅猛发展推动了跨境电商"井喷"式发展，并演绎了各种商业模式创新，还涉及信息服务、交易、支付等跨境创新，各类创新容易因缺失知识产权保护而产生风险，但这种知识产权风险的防范，在越来越多的技术创新前面临着现实操作中的困难。譬如，阿里巴巴集团就指出，其治理假货时面临避风港规则被滥用、商品信息事前审查可行性差、平台判断假货比较难、价格不能成为判别假冒的唯一要素等问题。因此，跨境电商各类主体尤其是跨境电商平台巨头，一方面运用最先进的技术开展跨境电商业务，另一方面在知识产权风险防范的现实问题无法有效突破前只能进行

既有制度下的改良，由此加剧了跨境电商与知识产权保护之间的冲突。

不仅如此，跨境电商还产生了大量新的知识产权问题。究其原因，一方面，知识产权法律、政策应新问题产生而出台，技术创新迅猛又多变，较难预期，因此法律规制客观上容易滞后，加之制定程序多、不能随时灵活调整等因素，导致跨境电商涉及的知识产权内容被明文规范之前存在一定的灰色地带，即使明确规制后，也可能随着跨境电商新情况的出现而逐步滞后。尤其是当前我国自贸区大量的创新和试验，加剧了这种滞后的可能性。另一方面，客观存在知识产权法律技术方面的困难和现实影响因素，譬如电子商务环境下存在互联网专利授予问题、网络环境下专利的"新颖性"判别问题和电子申请的技术困难、跨境电商中专利产品侵权直接借鉴版权侵权的避风港原则和红旗原则的不适宜、跨境电商中对同一知识产权内容不同法域规定不一等。实践中，尽管知识产权领域法律尊重和维护技术中立理念，但技术中立原则还是受到市场力量之间博弈的影响，从而使得跨境电商方面的知识产权立法、司法和执法都更体现出对强者（如跨境电商巨头、作为投资主体的知识产权权利人）的保护，也加深了跨境电商的知识产权治理困境。

此外，基于因特网进行的跨境电商有很高的自由度和任意性，相关的知识产权规制并不容易达成。与此同时，跨境电商条件下知识产权关系涉及多领域、多法域、多关境，需要相关国家、相关部门、官方和民间多层面协同解决，但当前立法、司法和执法等官方层面国际协调不足，且推进困难重重。譬如跨境电商国际立法方面，国际本身未有统一的公约来规范和约束，加之各国相关规定又存在不一致和滞后性，如对于跨境电商平台有侵权产品的宣传行为但没有实际售卖侵权产品的问题，各国规定并不一致，从而增加了跨境电商通过法律制定、相互协同合作进行知识产权治理的困难，也影响了司法和执法的进展。而知识产权方面半官方和民间的国际合作虽然发展迅速，如阿里巴巴集团已与大量知名的国内外知识产权权利人以及20个国家驻华大使馆开展合作，但是，跨境电商平台协调的层面有限、目标要求和标准也存在不一致，并易造成跨境电商交易方在同一类知识产权或知识产权争议上境遇不一的情形。总之，各种现实性因素使跨境电商陷入了知识产权治理的困境。

理念性原因是效率与公平带来的冲突。

高效率是跨境电商与生俱有的特性和目标，而公平则是出于平衡知识产权权利人和跨境电商各参与者的利益、维持正常的竞争秩序、更多元化满足消费者需求等目的，对跨境电商涉及的环节进行相关权益分配，保护健康的市场秩序。因此，短期而言，效率与公平可能产生冲突，并导致知识产权治理程度不一、评判各异。跨境电商平台是否监控商品知识产权风险以及监控的程度正是这种冲突的体现。

不仅如此，跨境电商的参与方也受到效率和公平方面的挑战。譬如：跨境电商平台难以把控平台上提供的商品信息是否涉及知识产权侵权并进行有效处置；跨境电商平台自建的知识产权管理体系是否涉及对其他参与方加强商业控制，排除竞争；需求方难以预期供应方的知识产权状况且售后维权较难；参与者有时难以预期知识产权边境执法的时间，等等。实践中，自贸区通过跨境电商进行大量海外代购，这种情形也加剧了效率和公平方面的挑战，并对相关市场带来知识产权方面的冲击。

此外，知识产权边境监管也需要从效率和公平方面对起源于"小额贸易"的跨境电商进行深入的思考和应对。当前，边境知识产权由海关进行行政执法存在一些不足：一是对于进出口有形货物的跨境电商，若知识产权权利人没有事前主动在海关系统申报知识产权权利，则知识产权产品侵权行为难以被发现；二是大量的小额货物通过邮政、快递等直邮方式进行跨境流通，因海关人手不足、判断侵权能力有限等原因，海关全面执法存在困难，从而使大量知识产权侵权产品流入流出各关境；三是跨境电商呈现出境内境外两头复杂的特点，给海关开展知识产权确权带来了一定的困难，需要确权的数量、难度也会大大增加；四是数字化产品的跨境交易没有纳入海关等政府有关部门监管范围之内；五是转运货物不在本国使用，是否构成知识产权侵权有赖于各关境海关的执法解释和实践，容易造成实践中的不确定性和不统一；六是海关的知识产权执法检查将增加货物运输的时间成本，这对时间要求较高的跨境电商是一种不利因素；七是部分知识产权权利人可以利用海关的知识产权行政执法职权，对竞争对手产品的进出境进行拖延和阻碍。这些不足加大了跨境电商知识产权治理的难度，其解决依赖于海关知识产权执法中对效率和公平尺度的把握。

上述困境既有电子商务跨境需求与知识产权地域性保护之间冲突的根源性原因，又有技术创新加速与制度滞后、国际协调不足之间冲突的现实性原因，也有效率与公平冲突的理念性原因。为了有效地突破这些困境，跨境电商企业必须加强知识产权治理，这就需要了解当前进出口货物侵权的特点，知道如何认定跨境电商是否侵权，而更重要的是做好知识产权方面的自查自纠，以确保合规，拥有知识产权的企业一定要采取行之有效的自我保护措施，以便让自己的进出口贸易顺利"过关"。

2.当前进出口货物侵权特点与侵权认定

中国企业通过跨境电商,已经走向了国际市场,走到了对知识产权保护最为严格的欧美市场。然而,中国卖家普遍缺乏知识产权保护意识,加之对涉外知识产权不甚了解,容易产生误区,一旦在这方面踩了雷,将面临着"被侵权""无意识侵权""支付账户被冻结""被下架"等困境。

来看这样一个案例:

深圳的跨境电商卖家曾经为了迎接圣诞销售旺季,将大量平衡车发往亚马逊海外仓库。而当时深圳的代工厂也非常给力,不管有没有授权,只要有订单就开始组装生产。据深圳盐田海关统计,每天过关的平衡车高达4万台。突然有一天,这些中国亚马逊卖家都收到了亚马逊传来的"噩耗",大致意思是:你在亚马逊的物品链接被移除,并且伴随账户大量资金被冻结,因为涉及"扭扭车"这款非常有争议的产品。这对卖家来说几乎是毁灭性的打击。当时还有一部分漂在海上筹备圣诞节销售的,或者已经在海外仓的货物。面对这种困境,有国内公司找美国公司谈授权,对方开出了无法承受的价格。据深圳圈内人士估算,当时近100万台的库存(含海上、空中、海外仓、顾客退货等)无法正常销售,价值4亿美元(约合25.91亿元人民币),所有账户冻结资金3个月,冻结资金可能超2亿美元(约合12.96亿元人民币),相关外贸公司将无法正常采购,无法给员工发工资,无法给供应商付款,损失达5亿人民币;而直接影响从业者超过了10

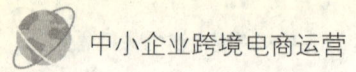

万人。

就案例本身而言,国内跨境电商的平衡车在亚马逊遭遇"被下架""支付账户被冻结",就是因为涉及侵权问题。如果将这个案例稍做展开,从更深刻的意义上来分析,亚马逊作为美国电商最大的平台,将国内跨境电商的平衡车下架并封号,目的并不想索取赔偿、赢得官司,就是让中国的跨境电商卖不成,控制市场,以保护美国的商业利益。所以有国内公司找美国公司谈授权,对方才开出了无法承受的价格。实际上,美国对中国实施的"特别301条款"专门针对的就是那些美国认为对知识产权没有提供充分有效保护的国家和地区,他们把中国、印度等11个国家列入"优先观察国名单"并且把中国放在了最前面。美国企业利用中国电商知识产权保护意识薄弱、对美国知识产权保护制度不熟悉以及不愿意投入法律成本等特点,频繁对中国企业提起知识产权诉讼。仅从美国的情况来看,知识产权已经成为了外国企业制约中国企业的重要竞争手段之一。再来看国内情况,2017年是我国推进知识产权综合管理改革,实施"十三五"国家知识产权保护和运用规划,加快建设知识产权强国的重要一年。中国海关以及众多知识产权密集型企业现在已经愈发重视在电子商务领域中的知识产权保护,全国海关也在集中执法力量,严厉打击侵犯知识产权的进出口行为,为我国企业走出海外提供公平有序的竞争环境。

无论从哪个角度来看,跨境电商都特别注意涉外知识产权,重视知识产权治理,了解当前进出口货物侵权特点,知道如何认定跨境电商是否侵权。

●当前进出口货物侵权特点

海关总署公布的2016年统计数据,为我们总结当前进出口货物侵权特点提供了重要依据。下面，我们就来看看这些数据支撑下的当前进出口货物侵权所呈现的特点，如表8—1所示。

表8—1　当前进出口货物侵权特点

特　点	数据分析
以侵犯商标专用权货物为主，侵权专利权货物持续增多	2016年海关查扣的侵犯知识产权案件中，涉嫌侵犯商标权的货物高达4145.64万余件，占侵权嫌疑货物总量的98.56%。涉嫌侵犯专利权的货物批次较2015年同期增长82.76%，案值同比增长26.33%
海运和邮递是查获侵权嫌疑商品的主要渠道	2016年海关在海运渠道查扣侵权嫌疑商品近3940.13万余件，占全年扣留商品数量的93.68%。在进出境邮递渠道共查扣侵权嫌疑商品1.42万余批，占全年扣留批次的81.33%
侵权嫌疑商品以消费类商品为主	2016年中国海关扣留的侵权商品以烟草、化妆、个人护理产品等产品为主。与2015年相比，扣留侵权药品类、食品饮料类商品的数量有较大幅度增长，医疗器械、珠宝首饰、手表等类别侵权嫌疑商品则呈下降趋势
大多数涉嫌侵权货物在出口环节被查获	2016年中国海关在出口环节扣留侵权嫌疑货物1.68万余批，占扣留总批次的96.20%；扣留的出口侵权嫌疑商品为4161.67万余件，占全部扣留商品总数的98.95%

● **跨境电商的侵权认定**

知道了当前进出口货物侵权的特点，那么，如何认定跨境电商是否侵权呢？当前的跨境电商主要有两大类，一是开展自营业务的跨境电商，二是作为平台企业的跨境电商。下面就来看看如何认定这两类跨境电商是否侵权。

先来看对开展自营业务的跨境电商是否侵权的认定。

当前跨境电商的政策多处于试水期，比如对于B2C零售进口商品暂时按照货物征税，但按照物品管理，这意味着对于小件包裹的邮递物品存在适用非商业性有限豁免的可能。根据《TRIPS协议》第六十条的规定，对于旅客个人行李中所携带或小型交运件中发送的少量非商业性的商品，可以不适用《TRIPS 协议》。我国《知识产权海关保护条例》同样遵循了行邮物品有限豁免的原则，即对于自用且在合理数量范围内的侵权商品不启动知识产权海关保护执法措施。对于超出自用、合理数量的侵权物品，收寄件人可以向海关声明放弃，进而免除行政处罚。

如果跨境电商的贸易规模较大，以货物方式进出口，那么进出口货物的收发货人或其代理人都要向海关如实申报进出口货物的知识产权状况，对于需要向海关申报但进出口货物收发货人及其代理人未按照规定向海关如实申报有关知识产权状况，或者未提交合法使用有关知识产权的证明文件的，海关可以处 5 万元以下罚款；在进出口过程中被海关查出侵权货物的，跨境企业将面临货物被没收并处货物价值 30% 以下罚款的处罚。

就具体认定方法而言，我国《海关法》与《知识产权海关保护条例》中并没有明确何为进出境环节的侵权行为，但《知识产权海关保护条例》明确规定，海关保护是以《商标法》《专利法》和《著作权法》以及有关法律法规为依托。海关对侵权嫌疑货物进行调查，也可以请求有关知识产权主管部门提供咨询意见。

再来看对作为平台企业的跨境电商是否侵权的认定。

商务部一直重视为跨境电商平台营造一个公平的网络交易环境，已于 2017 年 9 月明确表态，电子商务立法"平台责任分担问题"将提上日程。从责任分担角度来讲有两个层面：一是平台作为一个提供商应该自律，就是类似于平台的自律责任；二是政府通过公权力，站在公共利益的角度要求平台承担的相应责任。

"平台责任"为认定平台企业的跨境电商是否侵权提供了政策依据。对于"平台责任"的理解应该包括以下几个方面：一是强化电商平台的审查责任，明确审查的范围和审查的流程；二是明确平台的备案责任，保证货物流和信息流能够对应，对于在平台销售的侵权产品可以回追到侵权人；三是要求平台及时处理侵权商品，包括通知权利人、删除侵权商品信息、惩罚侵权商家等；四是规定平台的侵权连带责任，即对于未落实前三点义务的平台，一旦发生侵权事件，电商平台可能会与侵权人对知识产权权利人共同承担连带侵权责任。

3.跨境电商企业的知识产权合规措施

当前的跨境电商企业主要有开展自营业务的跨境电商和作为平台企业的跨境电商,此外还包括涉外定牌加工的电商企业。这些企业的知识产权合规措施各有不同,我们一起来看看。

● **开展自营业务跨境电商的知识产权合规措施——自纠自查**

目前,开展自营业务电商企业日益重视知识产权问题,其合规措施主要是自纠自查,如表8—2所示。

表8—2 自营电商知识产权合规的自纠自查措施

序号	内容
1	海关总署已于2004年9月开发使用了"知识产权海关保护备案申请系统",其功能包括信息查询、备案申请、备案管理和备案变更。企业可以通过该系统查询在海关总署备案的知识产权情况,初步判断自己的商品是否侵权
2	如果企业对利用系统查询的结果仍然拿不准,还以利用海关预确认制度进行咨询。这种做法虽暂无明确的法律依据,但有良好的实践效果,因为良好的关企互动也便于海关开展工作,提高工作效率,同时树立中国海关有担当、有作为的形象 企业的"预确认"属于法律咨询,产品尚未进出口,因此即使涉嫌侵权也不会受到任何处罚。企业办理知识产权预确认需要提交以下材料:注册工商登记资料、海关备案信息;商标、专利证书;授权委托书,即他人委托申请人生产/出口相关货物的授权文件;拟出口的货样;预确认申请书。为了让海关能有充分的审查时间,建议企业不晚于货物进出口的一个月前向海关申请

续表

序号	内　容
3	出口企业应当积极了解产品销售地的知识产权保护政策和同行业商品的知识产权注册情况。企业切不可心存侥幸，若有必要应及时聘请律师进行尽职调查，对产品所使用的商标、装潢、宣传语、外观设计等进行检索、分析，以判断是否侵权

● **作为平台企业跨境电商的知识产权合规措施——未雨绸缪的准备**

商务部于2017年9月明确表态，电子商务立法"平台责任分担问题"将提上日程，电商的平台责任可能会于近期"瓜熟蒂落"，平台企业应密切关注相关电子商务立法。那么在平台责任尚未出台之前，电商平台应该做哪些未雨绸缪的准备呢？具体如表8—3所示。

表8—3　平台企业知识产权合规的未雨绸缪准备

序号	内　容
1	电商平台企业应该要求入驻商户提供有效的证明文件，对商品内容合法性进行形式审查，同时保留必要的货物来源证明材料，实现源头可溯
2	电商平台企业应履行"通知—删除"的义务，知识产权的权利人通知电商平台企业在该平台上有侵权商标销售，平台企业就有义务核实举报并把侵权信息予以删除
3	一旦发现侵权，平台也可以推出惩戒措施，比如建立企业失信黑名单，在一定时间内禁止侵权商家入驻平台
4	电商平台可以考虑借鉴阿里巴巴与通关管理平台合作的经验，与海关实现平台对接，为海关提供违法犯罪线索，联手打击知识产权侵权行为

● **涉外定牌加工企业的知识产权合规措施——索要授权文件＋了解当地政策**

定牌加工也是跨境电商自营业务的一种，但因为这种商业模式在知识产权海关保护中争议较大，所以需要单独说明。

先来看一个案例：

莱斯公司曾经以原商标权人转让的方式获得了"PRETUL及椭圆图形"商标在中国的专用权，而案外人储伯公司系墨西哥"PRETUL及椭圆图形"注册商标权利人。后来，储伯公司授权亚环公司（中国公司）按照其要求生产标有PRETUL商标的挂锁，并全部出口墨西哥。

该案中，是否应该定亚环公司的牌加工行为侵犯了莱斯公司对PRETUL商标的专用权？最高院明确认定，亚环公司的行为对莱斯公司不构成商标权侵害，理由是"亚环公司使用商标的行为，在中国境内仅属物理贴附行为，是为储伯公司在其享有商标专用权的墨西哥国使用其商标提供必要的技术性条件"。需要注意的是，如果跨境企业自主贴附了其他企业的商标，然后再与境外商家磋商出口，则仍会被认定侵权。概言之，从目前的判例倾向看，定牌加工是否构成侵权主要考察：第一，该生产产品和贴附商标的行为是否体现了生产者自己的独立意志；第二，商品是否全部出口，所贴商标在中国境内是否具有识别商品来源的商标基本功能，是否会造成公众对相关商标信息的混淆。

最高院的判例体现了当前的司法倾向，但鉴于理论与海关实践对此问题尚无定论，我们认为相关企业还是要审慎行动。具体来说，涉外定牌加工电商企业在签订加工合同时，尽量要求外商提供必要的知识产权权利证明并出具相关知识产权授权文件；同时，主动与出口地海关沟通，了解当地政策，避免在进出口环节中出现争议。

4.知识产权拥有企业的自我保护措施

拥有知识产权的跨境电商企业要注重保护自己的知识产权不被侵害,维护自身利益。先来看下面这个例子:

方先生的公司为了赢得更多的境外市场份额,下了很大的工夫在产品研发设计上,每次都能结合当前潮流,设计出一些受市场欢迎的产品,很容易就能在平台同类产品排名中进入前茅,坐拥大把流量,被爆买。

可惜好景不长,方先生发现,平台上出了同样的产品,价格比自己的还低,卖得比自己还好,这样的事情屡屡发生。比如一件T恤,平台上显示的图案非常有特色,均是公司设计原创,那些卖家把图案中的元素重新排列组合,挂出来卖,价格低点,很快就对自己形成了合围之势。再有,一款白底T恤,自家的设计师使用一些拼接手法,并用几何图形来点缀也很受欢迎,这款产品也被模仿了。

方先生的服装更新速度非常快(如上述T恤可能很快就过季下架了),这使得方先生很少去注册版权来进行保护。同时方先生自己也不是很确定那些卖家究竟模仿到哪种程度才算侵权。像那款白底T恤的模仿行为就很难界定。对此,方先生苦恼不已,很有一种"被偷"的感觉……

对此,某知识产权律师认为,第一件T恤是非常明显的侵权行为了,在第二件白底T恤的模仿中,如果拼接设计上有自己的独特手法、有创意设计在里面，处理起来还是比较有利的。律师认为，服装的知识产权保护平常就需要关注：第一，注册商标并在使用中强化品牌地位；第二，独创的花纹、图案，原创形象可以注册版权，注册后就能提告竞争对手。需要注意的是，版权不像商标，抢注的商标有效，版权则不同。只要方先生能提供相关的原创证据，即使别的卖家抢先申请下来也是无效的。当然，像方先生的公司这样有原创能力的公司，和对方过招的第一步未必是先提告，而是警告对方，并提交平台处理。这位知识产权律师提醒，服装的专利保护一直处于灰色地带，很多是功能性设计，或者一些常规元素的变化、组合，虽然有厂商的创造在里面，但并非独特，因而不受保护，同行之间一些模仿行为还是会存在。而如果参考他人的设计，也一定要避开雷区，其中他人独创的元素尤其要注意，不仅不能抄袭，部分雷同也不可取。

那么，拥有知识产权的跨境电商企业如何保护自己的知识产权呢？必须采取自我保护措施。这主要有两点：一是主动备案；二是一商标一申请。

●主动备案

海关的执法模式分为依职权保护和依申请保护两种，鉴于通常知识产权权利人难以及时了解其他企业的进出口商品信息，海关依职权查处侵权是当前知识产权海关保护的主要途径。以2016年为例，2016年海关依职权主动查扣的侵权嫌疑货物批次约占全年扣留批次总数的99%，涉及货物3855.78万余件，约占扣留货物总量的91.67%。

根据《知识产权海关保护条例》的规定，企业进行知识产权备案是海关采取主动保护措施的前提条件。因此，要想依靠海关的力量为企业把好知识产权这道关，企业应当尽早对自己享有的知识产权进行海关备案。同时，备案可以对企图进行侵权的其他企业产生震慑作用，可以迫使已经在生产、销售侵权货物的企业停止侵权，还可以使非恶意侵权的企业避免

第八章 加强知识产权治理，是未来跨境电商的关键

"误打误撞"的侵权。

● 一商标一申请

商标侵权占跨境电商知识产权侵权的比例很高，而《商标法》是海关进行知识产权海关保护的重要依据，但海关对商标权的保护与《商标法》的规定并不能直接划等号，其中的差异值得我们注意。

根据商标法的相关规定，以下三种行为均属于侵犯商标专用权的行为：一是未经商标注册人的许可，在同一种商品上使用与其注册商标相同的商标；二是未经商标注册人的许可，在同一种商品上使用与其注册商标近似的商标；三是在类似商品上使用与其注册商标相同或者近似的商标，容易导致混淆的。但是，并非所有的商标侵权行为都属于海关实施知识产权保护的范围。因为知识产权属于私权，私权可以放弃，在当事人向海关进行备案时，海关可以将当事人未进行备案的近似商标理解为放弃寻求海关保护。基于"不告不理"的原则和海关行政执法的特点，海关可以仅仅对企业申请备案的商标进行保护，而不必对《商标法》所称的"近似商标"进行查处，实践中各地海关的做法也不完全一致。

所以，进出口企业如果想要充分保护自己商品的知识产权，可以考虑将商品的主打商标、二级商标、防御商标都向海关申请备案，一商标一申请是最稳妥的商标保护措施。现实中就有这样的例子。

有一位老道的3C卖家透露：在我们国内申请外观专利很快，成本也是极低的，几千块钱的事情，主要是申请下来之后，就可以提告并向法院申请禁令，禁止所有厂商未经授权生产和销售自己原创设计产品，该禁令对抄袭方是非常好的打击手段。

由此可见，这种一商标一申请的做法成本很低，但效率很高。这用来对付恶劣的竞争对手是个很好的方法。

总之，如果你不是恶意作假侵权的假冒伪劣商家，那么，在知识产权问题上应保护好自己，至少要做到主动备案和一商标一申请。

5.商标注册常见的"坑"及规避方法

先来看一个案例：

一个做手机配件的客户，在亚马逊做了一年，收益不错，他也投入了不少资金维护品牌，就在这时，他收到了一封律师函，大致意思就是一家美国公司要求客户下架相关产品，撤销商标申请。客户不担心注册商标的那笔钱，反而很害怕在这一年内的运营和产品打了水漂，如果一旦撤销商标，将对客户造成很大的损失。

这时候，客户联系了一家专做知识产权的律师事务所，该所律师经过认真的研究，告知客户这个无须过于担心。因为这个事件有两点不合规的地方：第一是对方无权让我们去撤销商标申请，往往外国人欺负我们中国人不懂法律，故意吓唬我们；第二是商标法里有这么一个规定，如果两家公司产品存在近似的地方，可以私下协商。于是，该所律师代表客户向对方发函，态度强硬地表示：我们不同意撤销商标注册，请求和你协商，如不同意，将在法庭上见。对方同意了客户不做撤销，并与该所律师进行了协商，最后客户顺利下证，事情得到了完美的解决。

通过案例可以得到一个启示：如果没有律师，客户就可能被对方吓住了，如果没有专业律师的介入，这件事可能无法顺利解决。由此可见，在品牌保护上，跨境电商需要专业的人、专业的公司来保驾护航。看了这个案例，作为跨境电商的你还会忽略自己的商标吗？

商标注册属于知识产权保护范畴，也是跨境电商知识产权治理中的一项重要内容。实际上，跨境电商的商品流通，自商标制度创立以来便不再是一件只由市场规律支配的事情。尤其是在跨境的商品流通中，有时候商标更像是一种"市场准入许可"，而不单单是表明商品/服务来源的标志。

跨境电商企业不仅要重视商标注册，更要防范商标注册过程中隐藏的"坑"。那么，跨境电商商标注册究竟有哪些"坑"呢？又该如何规避？下面一起来看看吧！

● "正品""真货"是否可"横行无忌"

跨境电商对消费者最大的吸引力在于，能够快速、高效地购买到境外的正品、真货。而对于跨境电商从业者而言，消费者的需求所在，恰恰是其在跨境电商行业奋发图强的方向。正是基于这样的"互动"，在接触的跨境电商从业者中，大多奉行这样一条类似的准则：只要我卖的是正品、真货，那么我便可以"横行无忌"地销售。

事实真是如此吗？至少是不敢打包票！原因就在于，商标具有地域性，在商品来源国受保护的商标，在商品输入国并不当然受保护。甚至商品输入国内如果已经在相同或近似类别上注册了相同或近似的商标，那么跨境来的商品甚至有可能构成侵权。这便是跨境电商进口最大的商标陷阱，稍有不慎便会导致"跨境电商梦碎"。

●是否所有的境外商标都不受国内法律保护

虽然商标具有地域性，其专用权应当以一国内的注册、授权为准，但这并不妨碍对于某些类别商品，采取禁止他人注册的方式来予以保护。换言之，某些类别商品进入商品输入国并不会构成侵权，因为该国内并不会存在一个与其相似或相同的注册商标，对该商标的使用并不专属于特定人。

就中国而言，《商标法》第十三条第二款规定："就相同或者类似商品申请注册的商标是复制、摹仿或者翻译他人未在中国注册的驰名商标，容易导致混淆的，不予注册并禁止使用。"这就是说，在国外的驰名商标在中国一定程度上能享受保护。但是，这也从侧面说明一个事实，国外的、不驰名的商标并不会在中国受到"当然的"法律保护。

● 保税区是否是"避风港"

出于最大限度地缩短物流时间和物流成本的需要，在保税区设立保税仓，进而从保税仓直接发货给消费者，是跨境电商的一个重要形式。或有跨境电商从业者会问：保税区是否是"避风港"？保税区与其他境内市场是否有区别？

实际上，保税区并非是一个地理区域概念，而仅仅是海关监管的商品的储存区域，通俗的理解就是"境内关外"。所以，保税区也处于境内，加之为跨境电商服务的保税仓，其中的商品目标市场均为境内，且由于商品均在跨境电商网站上面向境内消费者展示销售，实际上已经参与了境内市场。故而以为保税区并非"避风港"，保税区内的商品构成商标侵权也不能免责。

每一家电商企业主都希望自己能在国际市场上发展得更好，而这又离不开商标注册，因此有的人就打起了歪主意。为了维护电商企业和行业的利益，要将他们的骗术曝光并给出规避措施，引起大家的警醒，同时也提醒各电商企业，要增强知识产权保护意识，以免上当受骗。

第九章

中小企业做跨境电商应避开的六大误区

那些在跨境电商运作中要么中途含恨退出,要么折戟沉沙的商家,虽然最后都关闭店铺,但他们离去的原因都是"电商病症"所致,主要包括没有战略规划、投机取巧、单纯的 KPI 思维、过度依赖运营技巧、对新媒体缺乏认知、单纯流量思维等。本章总结并分析了这些"电商病症"的主观原因和具体表现,希望每个人在看完之后都能够自省,避免重蹈失败者的覆辙。

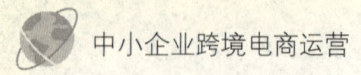

1.没有战略规划：认识不足，走一步看一步

在战略规划上认识不足，因此没有战略，没有规划，只是走一步看一步，这几乎是当下所有跨境电商运作的普遍现象。尤其是这些还依赖实体渠道销售的人，固守原有渠道，不愿触网升级，只是看着别人在做，自己便跟着"电商大势"去做，以至于跨境电商运营成为了他们的一个名符其实的"鸡肋"。

红星美凯龙是中国家居业第一品牌。红星美凯龙旗下红美商城在宣布公测后，逐步投入运营。商城的业务主要分为三大体系：包括以家居建材产品为主的在线B2C平台业务、以家纺家饰及小件家居用品为主的线上闪购业务和家居用品的团购业务，分别对应页面顶端的"商城""抢购""团购"三个入口。据报道，在上线运营的半年内，红美商城交易额仅为4万元左右，但前期的资金投入已达2亿元。红美商城曾经被传发生人事震荡，原电商负责人离职。随后，红美商城全新改版，正式更名为星易家，由红星美凯龙体系的领导全权负责，同时把线上销量纳入线下商城的考核体系，让线下商城共同参与电商业务。而红星美凯龙之前在红美商城花费的一系列推广费用几乎全都打了水漂。

红星美凯龙线上业务的失败，主要原因是线上线下没有实现很好的联动和融合，线下品牌的优势以及供应商资源无法在线上得到很好的利用，从而对消费者的吸引力不够，这也许是红星美凯龙短时间发生如此重大调整的直接原因。究其根本原因，还是公司对电子商务业务认识不足，战略规划不清晰所致。

●没有战略规划的主观原因及具体表现

没有战略规划的主观原因是：第一，实体渠道被电商冲击，但实体渠道这个大本营不能丢；第二，对于电商在品牌中所起的作用乃至品牌未来发展的匹配上都没有清晰的认知，认为电商只是品牌的附属品，是可有可无的一个"下水道"；第三，对电商运作鲜有清晰的可行的战略规划，即使有定位也不清楚究竟是做生产厂家还是做零售商。

基于上述主观原因，在实践中的具体表现是：一、只是清理自己的库存；二、闲得无聊找点事干；三、在实体渠道走投无路才做电商。

●解困之道：潜心钻研，做出规划

卖家对电商行业的定位、规则，乃至趋势都不甚了解，这样做生意自然是不行的。既然决定了做一行，就要沉下心来努力钻研领域内的知识，把它当成事业来做，一个清晰的、科学的、可行的战略规划还是非常有必要的。隔行如隔山，专注才能取胜。

跨境电商的定位问题需要回到零售业的定义：把产品从生产厂家送到消费者手中的功能。如此看来，是做生产厂家还是做零售商？如果你的公司是一家生产制造企业，那么，机遇在于利用电商让自己的产品与消费者见面，让市场来检验你的产品是否符合消费者的需要。如果想做零售商，那么就要知道零售有没有砖砌的墙都是商店，因此要线上+线下，既开设网上店铺用于引流，又有实体店用于用户体验。

2.投机取巧：成功有捷径，舍不得下工夫

大凡投机取巧者都认为，成功有捷径，因而舍不得下工夫。有的跨境电商不顾基本的商业逻辑，将某种实际上是天方夜谭的东西当作真事来做，结果自然惨败。

一个跨境电商卖家准备开一个电商商铺，当时有一个"80后"提出搞一个微电影即可引起"90后"的关注，进而引爆市场，打响品牌销售第一炮。一个微电影就能使店铺宣传获得成功，这是多么大的诱惑！卖家听后按捺不住了，决定把所有的赌注都压在这一微电影上，于是立即采纳执行，召集人马，准备开干。卖家的打算是2016年12月立项，2017年3月电商店铺必须开业，这已经是史上最离谱的规划了。这还不够，这个卖家还立志要在2017年9月上市，这样大跨度的变局更让人瞠目结舌。期间，有人问这个卖家电商店铺怎么配合，该卖家居然支支吾吾，顾左右而言其他……

这个案例最致命的地方就是幻想以一个微电影去引爆市场。为什么会出现这样的怪事呢？说到底就是这个跨境电商卖家的投机心理，即想以一个微电影来打下一片江山！其实，类似这样的事情，在很多运作电商的卖家身上都有发生，而且也会继续发生。

●投机取巧的主观原因及具体表现

投机取巧的主观原因是：第一，有强烈的投机心，罔顾基本商业逻辑，毕其功于一役；第二，成功有捷径，找到捷径就事半功倍；第三，既然有捷径，就没必要下工夫，也没必要做太多的投入。

基于上述主观原因，在实践中的具体表现是：一、常常心存幻想，相信"天上掉馅饼"；二、想出点子就立即执行；三、让刻意制造的某种事件为网店引流，让刻意制造的某种事件引爆新品；四、售卖成本低廉的伪劣产品，用户投诉只要不影响经营就无所谓；五、高仿别人的东西，然后说是自己的。

●解困之道：不要投机取巧，做事踏踏实实

每个行业都容不得半点投机取巧，商业领域尤其如此，一定要舍得下工夫，踏踏实实地去打好基础，要干一行，爱一行，把这一行做好。跨境电商未来的发展不容忽视，因此要把握这波红利，踏踏实实地优化产品和供应链，补足自己的短板，这样才有机会做成一个经久不衰的品牌。

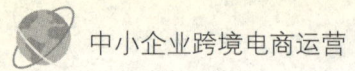

3.单纯的KPI思维：有投入就会立刻有收获

KPI就是"关键绩效指标"，它在现代企业管理中具有重要作用。正因为如此，有很多品牌的电商过于注重KPI，一切围绕KPI展开，甚至认为投入就必然要有收获，而且马上就要见效果，时髦的说法叫"转化率"。比如谈新媒体营销时，他们必定要说"我这条信息放出去你必须给我带来多少转化率"，或者说"我给你多少钱，你必须给我带来多少销售"。这是单纯的KPI思维，是一种扭曲的KPI认知。

绩效主义强调"唯绩效是举""以绩效论英雄"。索尼在导入绩效主义之前，其核心业务单元负责人的指标是"收入"和"利润"。导入绩效主义后，除了这两个指标外，还有"净资产收益率（ROE）、资产收益率（ROA）、现金流量（CashFlow）"等类上市公司考核指标，并将这些指标完成情况与经营者收入挂钩。索尼总部给每一个公司规定10%的资金成本，任何一项投资，要求投资回报率（ROI）必须超过10%这个底线。后来更进一步将考核重点变成了"股东价值"以及EVA（指标经济增加值模型，一种新型的价值分析工具和业绩评价指标），并将EVA与管理者的薪酬挂钩：业务单元管理者奖金的50%由公司业绩决定，25%取决于索尼整体业绩，剩下25%由个人目标管理来决定。在公司内部的员工层面导入绩效考核机制，并将考核结果与个人奖金和晋级相结合。索尼导入绩效主义初始阶段确实达到了董事会所期望的"刺激收入、增加利润"的目标，但是好景不长，随着数字技术快速取代模拟技术，索尼开始陷入衰退和亏损。等到出井伸之四年之后主管索尼的时候，由于组织习性已经养成，最好的变革时机已经错过，已经无力回天了。

"橘生淮南为橘，生于淮北则为枳。"索尼引入美国式的绩效主义，扼杀了索尼的创新精神，最终导致索尼在数字时代的失败。绩效考核只是一个工具，它既可以帮助管理权威推进变革，也能在权威缺位时加速组织失效。

如果说绩效主义毁了索尼，那么国内毁在这个概念上的跨境电商企业也大有人在，他们的运作就"死"在这个扭曲的KPI认知上。

● **单纯 KPI 思维的主观原因及具体表现**

单纯KPI思维的主观原因是：第一，想赢怕输，投点钱试一下可以，但绝对不要亏本，有得赚才继续做；第二，变相的管理监控，以为这样就可以把员工管好。

基于上述主观原因，在实践中的具体表现是：一、凡事必大谈转化及投产；二、KPI为核心，无任何试错机会；三、策划创意乃至任何创新都是不可能的。

● **解困之道：正视试错，合理投入**

其实，不管是在任何行业，都必须有试错的机会。不可能我们做一件事情，百分之百就能保证一次成功，但积累了经验教训，有助于后续努力的成功。

在我们看来，虽然有些事前期的投入是必需的，但在那些有单纯KPI

思维的目光短浅者看来，前期所投入的这些人力、物力就相当于打了水漂，自然是极不爽的。而且员工也会失去创新的激情，因为任何的创新也必然意味着风险，这与他们唯赚钱至上的思维是不相符的。

4.过度依赖运营技巧：掌握技巧就是胜利

跨境电商卖家有很多都患上了流量饥渴症，网站那点涓涓细流根本满足不了他们的如饥似渴，于是崇尚"技巧至上"论，以至于很多人都以为掌握并运用了这些技巧，就可以使自己处于不败之地，什么流量转化率都是手到擒来。

现在跨境电商平台上流传着多种多样的跨境电商运营技巧，各种关于技战术的分析、运用，实战的书籍可以说是汗牛充栋，微博、微信上也大多是此类信息，还有的热衷于参加培训，专门学习技巧。而恰恰是这些精通技巧和战术的店铺深陷困境。

某商城旗舰店店主习惯于研究各种销售话术，精通各种销售技巧。有一次，一位女士浏览他的旗舰店，准备买一条裙子，店里正好有这个产品，于是店主给这位女士发邮件，将裙子描述为"真丝，面料主成分含量：91%—95%"，并且坚定地承诺"假一赔万"。女士收到邮件后，见对方信誓旦旦，就相信了对方的话，于是以299元的价格网购了一件标明材质为"真丝"的裙子。收到裙子后，女士发觉不像是真丝的，检测机构的报告也证明裙子真丝含量为零。女士和旗舰店店主联系无果，将其起诉到所在地人民法院。法院做出一审判决，支持了这位女士的诉求：一、判令被告返还这位女士购买裙子的货款299元；二、判令被告于判决生效后10日内支付原告这位女士违约金1万元；三、判令被告判决生效后10日内支付原告

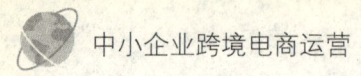

服装面料检测费用200元。经过这件事情,这家网店从此声名狼藉,不久之后就关门了。

可以说,这些"忽悠"技巧和战术并没有给旗舰店店主带来好处,反而毁了网店。从法律角度来说,网店经营者靠虚假宣传、误导消费者,甚至构成欺诈行为时,严重地侵害了消费者的知情权,当然要承担违约和侵权责任。从电商经营角度来说,运营技巧确实会给我们带来一些流量,但绝不是全部,卖家还是应该结合自己的实际情况,假如过度依赖运营技巧,最终的结果只能是苦了卖家,更是害了顾客,实在不应该是电商所为。

●过度依赖运营技巧的主观原因及具体表现

过度依赖运营技巧的主观原因是:第一,对电商以及运作没有深度的认知;第二,流量饥渴症;第三,迷信技巧,依赖技巧,认为凡是技巧都是通用的,技巧可以增大流量,可以提高转化率。

基于上述主观原因,在实践中的具体表现是:一、没有流量就会寝食难安,有强迫症倾向;二、致力于研究技巧,所有关于技巧战术的分析、运用、实战的书籍都去钻研;三、注重运用技巧,将技巧的运用当作电商运作的全部。

●解困之道:技巧是术,"进入"是道

店铺之所以要苦苦研究技巧和战术就是为了引流,就是要通过平台推广工具、技巧战术把流量导入到店铺。当然,这些技巧和战术可以带来一部分流量,但绝不是全部。所谓的电商运营技巧虽然对店铺有帮助,但远远不是根本的解决之道。况且从技巧本身来说,规则年年在变,时时在变,

因此很多技巧战术根本不适合当下的大环境，也不适合自己。

跨境电商千万不要低估进入国际市场的难度，这绝非靠技巧就能实现的，要从实际情况出发来解决"进入"问题。比如到美国做电商，首先要了解美国的消费者，其次要懂得美国的法律和商业规则。本来美国的商业氛围就对中国企业有敌意和顾虑，如果中国电商想靠技巧打开美国市场，就无异于痴人说梦了。

5.对新媒体缺乏认知：简单粗暴地推送信息

很多品牌的电商店铺其实就是互联网世界的一个"信息孤岛"，除了依赖电商平台自身的推广工具之外，这些电商店铺几乎是"与网隔绝"的。虽然在微博、社群等渠道发各种令人不厌其烦的促销广告，但从根本上来说，这种简单粗暴的促销信息的推送，对于店铺与网络世界的沟通，起不到任何的作用。

某英语培训机构的运营为了给自己的公众号增加粉丝，在线下大学城做地推，只要大学生愿意关注自己的公众号，当场发5元的红包，（这是最常见的地推方式）但是大学生关注公众号发现，里面几乎都是这家机构的培训广告，而且每天推送的内容主要是以广告为主。结果学生领完红包没多久就取消了关注，也没什么人来报名学习英文。

一家传统工厂转型做淘宝卖牛仔裤，为了抢占淘宝关键词排名，不计成本地亏钱上活动和直通车（淘宝的付费推广）做销量，但是只要直通车和活动停下来，销量立刻打对折，结果做了1年亏了100多万。

以上两个案例中的经营者都有清晰的目标并且付出了努力，但是努力的结果却是不尽如人意的，没有达到预期的效果，反而离自己当初设定的目标越来越远。究其原因，就是目的性太强，希望通过行业垄断、控制对方来达成目的，这样做自然是没有效果的。在跨境电商队伍中，凡是采取这种粗暴推送信息做法的，最后都会把自己逼向"信息孤岛"，使店铺"与网隔绝"；而凡是处于这种"信息孤岛"状态的，就遑论做社交电商了。

●对新媒体缺乏认知的主观原因及具体表现

对新媒体缺乏认知的主观原因是：第一，固执地以传统营销思维为主导；第二，对于新媒体在品牌营销中乃至在电商运作中的地位一无所知；第三，只是道听途说新媒体营销运作策略，不想自己亲自试验一下。

基于上述主观原因，在实践中的具体表现是：一、一窝蜂地简单注册了几个社交媒体平台账号，然后就不厌其烦地在上面发布促销广告、心灵鸡汤、自吹自擂的软文，认为这就是社交媒体营销了；二、一窝蜂地参加营销培训，成为培训机构的猎物；三、把复制黏贴的心灵鸡汤视为内容生产，不到几个月就不知道要发什么内容了。

●解困之道：积极运用新媒体，互动反馈要循环

跨境电商真正的机遇在于利用电商平台让自己的产品与消费者直接见面，同时通过这种互动拿到最宝贵的第一手消费者资讯反馈，再用这样的资讯去研发更符合消费者需求的产品，实现良性循环。你的东西好，价格公道，消费者肯定会买。

当然，机遇归机遇，赢得消费者还是要做好基本功。跨境电商只是为优秀进出口企业插上了腾飞的翅膀，那些对新媒体缺乏认知，更不懂得新媒体运营的进出口企业，如果以为搭上跨境电商这班车自己的产品就可以畅销五湖四海，其实是在做一场黄粱美梦。

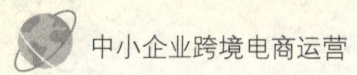

6.单纯流量思维：缺乏优质内容的生产能力

品牌是优质内容的综合体，电商店铺和实体店铺一样都是优质内容的情景化和剧场化的再现。无论是在实体店表现优异的品牌，还是在电商运作方面出类拔萃的品牌，他们无不体现这点。反之，那些死去的电商和即将死去的电商，都缺乏优质内容的生产能力，无数失败的电商无不说明了这一点。

某零售店老板决定转型做电商，因为他相信这不是什么难事，只要自己的文章有10W+的阅读量，就一定会影响更多的人来关注自己的产品，而写文章的人现在很多。于是，他花大价钱雇来两个写手，让他们去写一些比较"高大上"的文章内容，再扣个有"标题党"风格的标题去吸引人，通过微信群分享拉粉丝。但是，最后的效果却不好，极少有浏览量，更没人给转发。老板困惑不已：这么好的文章，怎么就没人感兴趣呢？

这位老板简直是无知，也许他做零售店时还可以，但做电商后的做法说明，他是一个目光很短并且认识浅薄的人，根本不懂得什么是电商的"内容"，因而也就谈不上什么具备优质内容的生产能力了。这种没有优质内容生产能力的电商，只知道粗暴地推销，然后坐等顾客上门，他们给人的感觉大多低端、粗制滥造。没有鲜明的品牌格调，缺乏优质内容生产能力，想靠简单的几篇文章来吸引眼球，是单纯流量思维的表现。

●单纯的流量思维的主观原因及具体表现

单纯流量思维的主观原因是：第一，还是传统营销思维主导电商运作；第二，对电商的实质缺乏有深度的理解。

基于上述主观原因，在实践中的具体表现是：一、根本没有策划创意部门；二、对网络媒体的应用一无所知；三、只是电商平台的寄生虫；四、完全依赖促销活动生存。

●解困之道：无内容，不电商

所谓无内容不电商，强调的是内容对电商的重要性。在"内容为王"时代下，电商只有具备优质内容的生产能力，才能达到流量精准、转化率高的目的。

这里总结了几条内容为王的黄金法则，作为优质内容生产能力低的电商的脱困之法：第一，网站文章要有一定的独特性，最好在其他网站不要找到一样的文章；第二，有一定的产品专业知识和对客户有一定的了解；第三，文章内容一定是要对读者有一定帮助的，也就是能够给读者提供某种价值；第四，图文并茂是非常有必要的，有条件最好自己拍摄一些相关的图片；第五，不能违反最基本的搜索引擎规则，另外搜索引擎规则的初衷是保留优秀网站，淘汰垃圾网站。做到这几点，那么相对来说，你的网站的权重就会比较高。

后 记

对于有志于拓展海外市场的广大中小企业来说，在营销模式上不能过于单一，和传统跨境贸易营销模式如国际展会、电子样本、行业杂志、邮件营销比较，中小企业不应该过于依赖这些第三方平台，而是自己走出来，以社交化的方式直接和海外用户对话，形成互动，将各种营销有机地整合在一起，多种营销模式齐头并进，才能获得更多的曝光度和商机。

同时，充分利用互联网的大数据，开展数据分析和研究，比如阿里巴巴、速卖通推出的"数据纵横"分析工具，帮助卖家分析自己店铺的相关数据以及庞大的行业数据。一个企业想要在海外市场大有作为，除了产品之外，还需要网络运营人才、多语种人才等有机地组合成一个团队，相互协同作战，方能大展宏图！

参考资料

1. 殷秀梅：我国跨境电商平台经营模式分析——以敦煌网为例，经营管理者. 2016年12月上期。

2. 周杰、郑舒文：电商团队管理：组织构建、人员培训与流程优化一册通. 北京：人民邮电出版社，2016年1月26日。

3. 李鹏博：揭秘跨境电商. 北京：电子工业出版社，2015年6月。

4. 资料其他来源：百度、搜狗、36氪、红商网、雨果网等网站最新资讯。